只 为 优 质 阅 读

好
读
————————
Goodreads

给孩子最美古诗词

好读　编著

中国友谊出版公司

图书在版编目（CIP）数据

给孩子最美古诗词 / 好读编著 . — 北京 ：中国友谊出版公司，2019.5

ISBN 978-7-5057-4521-6

Ⅰ．①给… Ⅱ．①好… Ⅲ．①古典诗歌－中国－小学－教学参考资料 Ⅳ．① G624.203

中国版本图书馆 CIP 数据核字（2018）第 239751 号

书名	给孩子最美古诗词
作者	好读 编著
出版	中国友谊出版公司
发行	中国友谊出版公司
经销	新华书店
印刷	北京盛通印刷股份有限公司
规格	787×980 毫米　16 开
	15.5 印张　169 千字
版次	2019 年 5 月第 1 版
印次	2019 年 5 月第 1 次印刷
书号	ISBN 978-7-5057-4521-6
定价	68.00 元
地址	北京市朝阳区西坝河南里 17 号楼
邮编	100028
电话	（010）64678009

如发现图书质量问题，可联系调换。质量投诉电话：010-82069336

写给小读者的话

亲爱的小读者，很高兴和你们在这里认识。在你们开始读这本书之前，有几句话想跟你们说。

童年是一个人人生中最幸福的时光。在这段时光中，有爸爸妈妈的照顾，有小朋友的陪伴，有老师的教导。在童年，你们几乎不需要担心什么，每天过得无忧无虑。好好享受你们的童年，它会成为你们长大后最为珍视的一部分回忆。

不过，每个人都要长大。成长的过程中会面临越来越多的事情，越来越多的烦恼。为了解决这些烦恼，向别人学习是个聪明的办法。古代的诗词就记录了生活在我们这个时代之前人们的所思所感。阅读这些内容，就是向他们学习如何处理成长中的烦恼。

为了让你们能更好地理解这些诗词，这本书里设置了"文人墨客""字词注释""意蕴赏析"和"知识扩展"四个小项目。"文人墨客"是关于诗词作者的介绍；"字词注释"主要是一些对疑难词句的解释；"意蕴赏析"则从修辞手法、思想感情、艺术风格和韵味境界方面对诗词进行分析；"知识扩展"则介绍与诗词有关的艺术手法、历史典故、传说故事和科学知识，以帮助你们发散思维，养成在生活中多思考的好习惯。

古诗词的价值历经了时间的考验，在不同的年龄段阅读会有不同的感受。虽然这本书对诗词进行了解释，但并不能涵盖里面的所有意蕴。更多的体会还要由你自己去发现。这本书不是要给你们一个固定的答案，而是给你们打开一扇窗户，激发你们的想象力。你们对未来的想象，影响着你们长大后的样子。

目录 | CONTENTS

敕勒歌

北朝民歌

敕勒川[1]，阴山下。天似穹庐[2]，笼盖四野。

天苍苍，野茫茫。风吹草低见[3]牛羊。

【字词注释】

1 敕勒川：敕勒族居住的地方，在现在的内蒙古北部一带。川，平川、平原。

2 穹（qióng）庐：用毡布搭成的圆顶帐篷。

3 见（xiàn）：同"现"，显露。

【意蕴赏析】

这是一首简单明了的北朝民歌。首句中非常直白地点明了所描绘的地点就位于阴山脚下，这也是北方民族豪爽性格的展现。后一句将天空比作毡帐，将草原一直延伸至目之所及的辽阔特点写了出来。在这静默如画的风景中，一缕风吹过，将原本隐藏在青草之间的牛羊显现出来，为画面增添了一丝动感，配合朗读时的节奏感，使整部作品大气中不失灵动。

【知识扩展】

蒙古包是蒙古族等游牧民族居住的一种移动性的房子。蒙古包内宽敞舒适，是用特制的木架做围栏支撑，再用两至三层羊毛毡围裹，最后用马鬃或驼毛拧成的绳子捆绑而成。蒙古包有窗、门通风，能采光，既便于搭建，又便于拆卸，非常适合游牧生活。

惠崇¹春江晚景（其一）

〔宋〕苏轼

竹外桃花三两枝，

春江水暖鸭先知。

蒌蒿²满地芦芽³短，

正是河豚⁴欲上⁵时。

【文人墨客】

苏轼（1037～1101）：字子瞻，又字和仲，号铁冠道人、东坡居士，世称苏东坡、苏仙。北宋著名文学家、书法家和画家。

【字词注释】

1 惠崇：北宋著名僧人，能诗善画，诗人的朋友，《春江晚景》是他的画作。

2 蒌蒿（lóu hāo）：植物名，一种长在洼地的多年生草本植物，可以吃。

3 芦芽：芦苇的幼芽，可食用。

4 河豚：鱼名，学名为河鲀（tún），肉味鲜美，但部分脏器和组织中含有剧毒。

5 上：逆流而上。

【意蕴赏析】

本诗为题写于画卷上的作品，虽然我们现在看不到那幅画，但仍可以通过诗人的描写想象这幅画大致的样子。画中有竹子、桃花、江水、鸭子、蒌蒿和芦芽等。在岸上，桃花在竹林外面；在江边，蒌蒿很多，芦苇刚刚长出来；在江中，鸭子浮在江面上。但诗人并没有仅仅停留在对画面的描写上，第四句为诗人根据画中景物展现的时节特点做出的联想推断，与第二句中"暖"一起，表现出了画面所未展现的内容，使艺术的感染力流淌到画面之外。

【知识扩展】

题画诗就是一种在中国画的空白处，由画家本人或他人题上一首诗的艺术形式。诗的内容或抒发作者的感情，或谈论艺术的见地，或咏叹画面的意境，从而使诗歌、书法和绘画三者的美结合起来，增强作品美感。题画诗是中国画独具的艺术特色。

春晓

〔唐〕孟浩然

春眠不觉晓，

处处闻啼鸟。

夜来风雨声，

花落知多少。

【文人墨客】

　　孟浩然（689～740）：名浩，字浩然，唐代山水田园诗人。因为是襄阳人，所以被人称为"孟襄阳"。与王维并称为"王孟"。一生流连山水之间，曾给官员当过几天幕僚。

【意蕴赏析】

这首诗简单自然，没有运用过多的艺术手法。其写于让人非常想睡觉的春天。诗人不知不觉就睡到了天亮。醒来后，先听到了屋外更早醒来的鸟儿们在到处唱歌。小鸟的歌声让诗人联想到了昨晚刮风下雨的声音，不知道有多少正在开放的花朵在风雨中掉落。诗人以声音为引线，将小鸟、花朵、风雨串联在一起，构成了一幅生机勃勃的春天图景。诗人对落花和春日的怜惜，跟小读者看到自己玩具坏掉时的心情一样，是一种淡淡的忧伤。

【知识扩展】

孟浩然曾受人引荐，觐见皇帝。在被要求赋诗时，孟浩然说了一句"不才明主弃"，意思是自己被皇帝弃之不用。皇帝听后很不高兴，说："你都没有求我，怎么冤枉我不任用你呢？"后来，孟浩然因为在患病期间不听医生劝阻，大吃大喝，致使病情复发，最终去世。

春夜喜雨

〔唐〕杜甫

好雨知时节，当春乃发生。

随风潜[1]入夜，润物细无声。

野径云俱黑，江船火独明。

晓看红湿处，花重[2]锦官城[3]。

【文人墨客】

杜甫（712～770）：字子美，唐代伟大的现实主义诗人，自号少陵野老，曾做过工部员外郎，所以也被称为"杜少陵""杜工部"。诗歌作品多描写社会现实，反映历史状况，故被称为"诗史"，他本人则被誉为"诗圣"。

【字词注释】

1 潜：暗暗地，悄悄地。

2 花重（zhòng）：花因饱含雨水显得沉重。

3 锦官城：故址在现在成都市南，因三国蜀汉时管理织锦之官派驻在此得名。后来指代成都。

【意蕴赏析】

　　雨在诗歌中经常出现，用"好"形容的却很少，这里的雨之所以好是因为它就像人一般，知人事，懂人情。不但来得正是时候，对万物的滋润也是默默进行，毫不张扬。雨的奉献并非只惠及一两棵花草树木，而是乌云覆盖下的万物。船上的人看着窗外天地间的绵绵细雨也是欣喜不已。到天明雨停的时候，花朵低垂在枝头娇艳欲滴，整个城市都好像喝饱了水一样重了几分。诗人通过听觉、视觉描写雨中，运用合理想象描写雨后，将"喜"展现无遗。

【知识扩展】

　　四大名锦指的是云锦、壮锦、蜀锦和宋锦。其中，云锦产于南京，因色泽光丽灿烂，如天上云彩得名；壮锦产于广西，以其色彩斑斓（bān lán）、热烈粗犷的风格著称；蜀锦因产于蜀地成都而得名，工艺细腻严谨，配色典雅富丽；宋锦产于苏州，特点是质地柔软，花形雅致，古意盎然。

风

〔唐〕李峤

解落三秋[1]叶，
能开二月花。
过江千尺浪，
入竹万竿斜。

【文人墨客】

李峤（qiáo）（644～713）：字巨山。唐代诗人、宰相。其文章被誉为"如良金美玉""一代之雄"。

【字词注释】

1 三秋：秋天的第三个月，就是农历九月。

【意蕴赏析】

拟人和以实写虚是本诗的两个主要特色。拟人体现在"解"字上，就像人能解鞋带一样，风把秋叶从枝头"解开"，比吹落更显生动。风能够感受到却看不见，所以诗人通过风与可见之物的接触来表现风的特点。除秋叶外，花朵是被风吹开的，浪水是被风吹起的，竹林是被风吹斜的。全诗没有一句提到"风"字，却句句与风有关。前两句从微观方面写风的柔弱，后两句从宏观方面用"千""万"突出风的强劲，将风的各种姿态都包含了。

【知识扩展】

拟人，一种修辞方法，就是将本来不具备人动作和感情的事物说成和人一样具有动作和感情的样子，从而使事物的形象更加生动具体。

江畔独步寻花（其五）

〔唐〕杜甫

黄师塔前江水东，
春光懒困倚微风。
桃花一簇开无主，
可爱深红爱浅红？

1 黄师塔：地名，一黄姓僧人的墓地。
2 无主：自生自灭，无人照管和赏玩。

【意蕴赏析】

　　黄师塔前江水向东流去，明媚的春光让人困意泛起，诗人找到一个地方休息，在微风中打量着眼前的风景。这个时候，诗人看到一丛野生的桃花开得正艳。花朵有深红色的，有浅红色的，争奇斗艳，让人不知道究竟喜欢哪朵。诗中最后一句叠字的运用丰富了韵律上的变化，读起来朗朗上口。这首诗写于诗人在"安史之乱"中辗转到成都草堂定居后，诗中的疲惫感也是当时诗人整个身心的写照。

【知识扩展】

　　"安史之乱"，为唐玄宗末年至唐代宗初年，由唐朝将领安禄山和史思明发动的背叛朝廷、争夺统治权的战争，这场战争使唐朝人口大量丧失，国力锐减，成为唐朝由盛而衰的转折点。

江南

汉乐府

江南可采莲[1]，莲叶何田田[2]。鱼戏莲叶间。

鱼戏莲叶东，鱼戏莲叶西，鱼戏莲叶南，鱼戏莲叶北。

【字词注释】

1 可：适宜、正好。

2 田田：荷叶茂盛的样子。

【意蕴赏析】

　　这是一首非常简单的民歌，描写了莲叶茂盛绵延和鱼儿在莲叶间自由嬉戏的情状。欣赏这首诗的关键是对场景展开想象，体味诗歌散发的韵律和隐藏在背后的人。后四句虽然看似呆板，但小读者们把思绪放慢，让自己的想象跟着鱼儿的身影变动，有没有感觉到波纹在水面荡开，阳光随着波纹摆动呢？画面中虽然没有人，但只要采莲就肯定有人存在。鱼儿们没有受惊，可以想象采莲人虽有交谈和欢笑，但不吵闹，他们像鱼儿一样轻松自在。

【知识扩展】

　　乐府，中国古代民歌音乐。乐府是古代朝廷设立的管理音乐的官署，到汉时沿用了秦时的名称。公元前112年，汉王朝在汉武帝时正式设立乐府，其任务是收集编纂各地民间音乐、整理改编与创作音乐、进行演唱及演奏等。后来，"乐府"成为一种带有音乐性的诗体名称。

绝句（其一）

〔唐〕杜甫

迟日¹江山丽，
春风花草香。
泥融飞燕子，
沙暖睡鸳鸯。

1 迟日：就是春日，因为春天到来，白昼慢慢变长，日落推迟，所以有这个说法。

【意蕴赏析】

这是首描写春景的诗。春天到来后，大自然中的山啊、河啊都没有了冬天那种灰蒙蒙的样子，变得美丽起来。微风吹过，诗人闻到了鲜花和青草散发的淡淡香味。气温上升，土地也不像冬天那样冻得硬邦邦的，变得松软起来。燕子衔起泥土开始做窝，鸳鸯也开始在沙滩上睡觉。诗人不仅从视觉和嗅觉上描绘了春天的景色，还通过一动一静的动物反应，将天气到底多暖和表现了出来。除了说"热死我了"，小读者们还会用哪些方法来表达自己有多热呢？

【知识扩展】

绝句，又称截句、断句、短句和绝诗，是诗歌形式中的一种。绝句由四句组成，常见的格式为五言绝句和七言绝句。

绝句（其三）

〔唐〕杜甫

两个黄鹂鸣翠柳，
一行白鹭上青天。
窗含西岭千秋雪，
门泊东吴万里船。

【字词注释】

1 西岭：地名，位于四川成都大邑县境内。

【意蕴赏析】

本诗的前两句不难理解，小读者们可将注意力放在对仗的修辞手法上，感受诗歌的形式美和画面中的色彩美，如"两"与"一"，"黄鹂"与"白鹭"以及"翠"与"青"等。"含"字表明诗人以窗棂为画框，把远处的雪山风景当作画来欣赏。门前停泊着来自长江下游地区的船，表明当时战乱已经结束，各地交通恢复了正常。在这明媚的春天，得知这个消息，诗人既有欣喜也有对世事变幻的感慨。

【知识扩展】

对仗是一种修辞手法，就是把表示相同或对立概念的词语放在两个句子中互相对应的位置上，从而让两个句子相互映衬，使整体上更具韵味，增加内容的表现力。

钱塘湖¹春行

〔唐〕白居易

孤山寺²北贾亭³西，水面初平云脚低。

几处早莺争暖树，谁家新燕啄春泥。

乱花渐欲迷人眼，浅草才能没⁴马蹄。

最爱湖东行不足，绿杨阴里白沙堤。

【文人墨客】

白居易（772～846）：字乐天，号香山居士，唐代诗人。与元稹并称"元白"，与刘禹锡并称"刘白"。白居易的诗歌语言平实，通俗易懂，有"诗王"和"诗魔"之称。

【字词注释】

1 钱塘湖：即杭州西湖。
2 孤山寺：寺庙名，南北朝时期陈文帝初年建，名承福寺，宋时改名广华寺。
3 贾亭：亭名，又叫贾公亭，西湖名胜之一，唐朝贾全所筑。
4 没（mò）：遮没，盖没。

【意蕴赏析】

诗的首联对西湖进行总体描写，第一句以远景的方式指明了西湖方位，第二句以近景的方式描写湖面上水天交映，白云重重的景象。颔联聚焦于"莺""燕"的活动上，而"早""新"则点明此时为初春时节。颈联则将关注的重点转移到了"花""草"等静态景物上，但"渐欲""才能"则隐含了春天力量即将爆发，从初春到春意正浓的动态变化。尾联则将人置于画面之中，以人高昂的游春兴致衬托出西湖畔春景的巨大魅力，从而深化了西湖之美。

【知识扩展】

四联：律诗通常每首八句，每两句成一联，共计四联，习惯上称第一二句为首联，第三四句为颔联，第五六句为颈联，第七八句为尾联。一般情况下，颔联和颈联都要求对仗。

清明[1]

〔唐〕杜牧

清明时节雨纷纷，
路上行人欲断魂[2]。
借问酒家何处有，
牧童遥指杏花村。

【文人墨客】

杜牧（803～约852）：字牧之，号樊川居士，因晚年居长安南樊川别墅，故后世称"杜樊川"。杜牧，人称"小杜"，以别于杜甫之"大杜"。与李商隐并称"小李杜"。

【字词注释】

1 清明：即清明节，中国传统节日之一。
2 断魂：失魂落魄，形容极度伤感，好像自己的魂魄要离开身体一样。

【意蕴赏析】

在古代，清明节是一个举家团聚，一起外出游玩、祭祖的日子，诗人此时独自一人在外难免伤感，而雨则加重了诗人的这种情绪。"纷纷"一词既是对春天细雨雨势的描述，也是诗人内心纷乱的写照。为了躲雨，也为了缓解哀伤，诗人决定找个酒馆喝点儿酒，歇息一下。诗中牧童对诗人的询问并没有直接回答，而用动作侧面表明，显得很新颖。全诗虽短却富于起承转折变化，又留下让人联想的空间，与后面的《寻隐者不遇》有相同的效果。

【知识扩展】

清明节是中国的传统节日，有着众多的习俗。除了广为人知的扫墓和踏青之外，在古代还有荡秋千、放风筝、蹴鞠（cù jū，古代一种类似于足球的踢球活动）、插柳、植树和斗鸡等活动。

六月二十七日望湖楼[1]醉书[2]（其一）

〔宋〕苏轼

黑云翻墨未遮山，

白雨跳珠乱入船。

卷地风来忽吹散，

望湖楼下水如天。

【字词注释】

1 望湖楼：古代建筑名，位于杭州西湖畔。

2 醉书：酒醉时写下的作品。

【意蕴赏析】

　　这首诗描写了一场急速而来又急速而去的雨。首句写出了乌云颜色，用"翻"字表现出乌云来势突然。第二句写雨势之大，几乎没有什么从小到大的过渡阶段，一下子天地间就变成白茫茫的一片，雨点像珠子一样落在船舷上发出声响又弹进船舱里。不一会儿，风将乌云又吹走了，雨水也随之变小。诗人下船登上望湖楼，看到清澈的湖面上倒映着蓝天，呈现一片安宁。诗中注重活动和颜色描写，让人宛如亲身经历一般，将感觉留在了心里。

【知识扩展】

　　笔、墨、纸、砚为中国古代文人写字、绘画必不可少的工具，被称为"文房四宝"。其中墨是用松木和桐油、菜油、豆油、猪油等材料，经过烧制、入胶、和剂、蒸杵和模压等过程最后成形。使用时，要用砚台加清水细细研磨。

鹿柴¹

〔唐〕王维

空山不见人,

但闻人语响。

返景²入深林,

复照青苔上。

【文人墨客】

　　王维（701～761）：字摩诘，唐代诗人、画家，号摩诘居士。因为做过尚书右丞，被人称为王右丞。王维的不少诗作中包含着佛理,被称为"诗佛"。作品被称为"诗中有画""画中有诗"。与孟浩然并称为"王孟"。

【字词注释】

　　1 鹿柴（zhài）：地名，位于陕西蓝田辋川附近。"柴"同"寨"，意思是栅栏。

　　2 返景（yǐng）：指夕阳透过云彩的光，"景"同"影"。

　　鹿柴位于山林之中，不像城市那么喧闹，是个幽静的地方。前两句写静。大山里见不到一个人影，只是偶尔听到有人说话。这里有声音正反衬周围很安静，就像在自习课上说悄悄话很容易被听到，在课间反而听不到一样。后两句写幽。山里树木很多，天黑得很快，太阳还在天上，林中已经暗下来了，只看到一缕夕阳照在青苔上。跟上面一样，光亮说明周围很暗，就像灯光在夜里很亮，在白天却不怎么显眼一样。

【知识扩展】

　　诗中运用相反的次要形象来突出主要形象的艺术手法就叫反衬，作用就是能够更加鲜明地突出描绘的主题。

三衢道中[1]

〔宋〕曾几

梅子黄时日日晴，
小溪泛尽却山行。
绿阴不减来时路，
添得黄鹂四五声。

【文人墨客】

曾几（1085～1166）：字吉甫，号茶山居士，南宋诗人。

【字词注释】

1 三衢（qú）道中：在去衢州的道路上。三衢即衢州，因境内有三衢山而得名，三衢山位于现在的浙江常山。

【意蕴赏析】

这是一首写于旅途过程中的诗。首句点明出行时间是梅雨时节，一路走来都是晴天，让人心情舒畅。"泛"字可见诗人途中心态的悠闲。水路走完后走山路，诗人没有疲惫，情绪反而更加高涨。"来时路"表明诗人之前已走过这条路，黄鹂的歌声在树阴间时隐时现，引人好奇又不禁让人心情愉悦。三四句虽只写返程时所见，却通过对比，突出往返程的相同和不同，将两次路程所见风景都纳入其中，拓展了想象空间，增强了艺术的表现力。

【知识扩展】

梅雨，是中国长江中下游地区、中国台湾、日本中南部以及韩国南部等地，每年六七月份都会出现的持续天阴有雨的气候现象，由于正是江南梅子的成熟期，故称其为"梅雨"。

山行

〔唐〕杜牧

远上寒山[1]石径斜[2]，

白云深[3]处有人家。

停车坐[4]爱枫林晚，

霜叶红于二月花。

【字词注释】

1 寒山：深秋时节的山峰。

2 斜（xiá）：倾斜（xié）的意思，这里的读音是古音。

3 深：一作"生"。

4 坐：因为。

【意蕴赏析】

这是一首描写登山所见秋景的诗。"远"和"斜"字描绘出了风景的疏阔。在路上，诗人放眼望去，发现远处有几座房子在白云间若隐若现。显然虽临近深秋，但山中不乏生机。走着走着，一片枫林映入眼帘，诗人满是惊喜，连忙让车停下。秋天的枫叶在夕阳下比二月开放的花朵还要红艳漂亮。诗的前后两部分形成对比，用白云色彩之淡，突出枫叶色彩之浓，而诗人情感则由隐含的欣赏升级为脱口而出的喜爱。诗中景情融为一体，引人回味。

【知识扩展】

枫叶为什么会变红？原因是树叶中除了有让树叶变成绿色的叶绿素之外，还有胡萝卜素、花青素等。到了秋天，气温降低，光照减弱，叶绿素减少，原本呈橙红色的胡萝卜素和在细胞液呈酸性后变红的花青素的颜色就凸显出来，枫叶从而变成了红色。

望洞庭[1]

〔唐〕刘禹锡

湖光秋月两相和，
潭面无风镜未磨[2]。
遥望洞庭山水翠，
白银盘里一青螺[3]。

【文人墨客】

刘禹锡（772～842）：字梦得，唐朝文学家、哲学家，有"诗豪"之称。与柳宗元并称"刘柳"，与韦应物、白居易合称"三杰"，并与白居易合称"刘白"。

【字词注释】

1 洞庭：湖名，位于湖南省北部。
2 镜未磨：古代的镜子用铜磨制而成。
3 青螺：这里指的是洞庭湖中的君山。

【意蕴赏析】

这是一首描写洞庭湖晚上风光的诗。月光洒在湖面上呈现出一片和谐的景象。将无风的湖面比喻成尚未打磨的镜子，既写出了湖面的安静又写出了水面能映出景物的样子，与第一句中的"和"相互映衬。接着再次运用比喻的手法，以一种宏大的视角，将君山比作青色的螺蛳（sī），将洞庭湖比作银盘，化大为小，在生动地凸显景物特色的同时，隐隐透出作者将山峰和湖泊等自然界中的广大事物像盘子一样拿在手中的广大气魄。

【知识扩展】

比喻，修辞方式的一种，涉及的通常是两个具有相同点的事物。把一个事物比喻成另外一个事物，可以将抽象变为具体，深奥变得浅显。

望庐山瀑布（其二）

〔唐〕李白

日照香炉生紫烟[1]，
遥看瀑布挂前川[3]。
飞流直下三千尺[4]，
疑是银河落九天[5]。

【文人墨客】

李白（701～762）：字太白，号青莲居士，又号"谪仙人"，即被贬下凡的仙人。唐代著名的浪漫主义诗人，被誉为"诗仙"。与杜甫并称为"李杜"。

【字词注释】

1 香炉：庐山的香炉峰。
2 紫烟：指瀑布水汽因为阳光照射形成的紫色变化。
3 川：河流。这里指瀑布。
4 三千尺：虚指，用夸张的手法表明山很高。
5 九天：古人认为天有九重。九天指天的最高处，这里形容瀑布落差大。

【意蕴赏析】

这是一首突出瀑布之壮观的诗。从远处看，瀑布如同挂在山前。之后，对瀑布的描绘由静态转为动态。"飞"字突出瀑布水流快，"直下"突出山峰的陡峭和瀑布的势不可挡，"三千尺"极言瀑布之长。但诗人并不满足，最后一句将瀑布比喻成从天上掉落的银河，将瀑布的长度、气势都拉到了无以复加的地步，让读者仿佛就站在庐山瀑布前面，整个身心都好像要被瀑布吞没似的。李白诗作中的浪漫主义特色在此得以充分展露。

【知识扩展】

浪漫主义，文艺创作手法之一，在反映客观现实的基础上，注重从主观内心世界出发，用热情奔放的语言、绚丽多彩的想象和夸张的手法塑造形象。

望天门山[1]

〔唐〕李白

天门中断楚江[2]开,
碧水东流至此回[3]。
两岸青山相对出,
孤帆一片日边来。

1　天门山：山名，位于安徽省长江两岸。因为如同上天设立的门户一样而得名。

2　楚江：即长江，因为流经古代楚国所以有着这样的说法。

3　回：回转，指江水因为地势原因改变流向。

【意蕴赏析】

这首诗描写了天门山附近雄奇的山水景观。首句写长江水势汹涌，像撞门一样将天门山从中间撞开了。第二句中江水受到阻碍，改变流向，侧面突出山的伟岸厚重。后两句诗人将自身情感融入景物之中。两岸的青山像知道自己到来一样，同时恭迎而出，诗人心头也为之惊喜。那诗人是站在哪儿呢？原来是在船上。正因为视野会随着江水的流动变化，所以才能将原本静立的山描绘得好像能动一样，从中我们也能体会诗人自在洒脱的心胸。

【知识扩展】

相传李白在做翰林的时候，一次被唐玄宗召去作诗。当时，李白已经喝醉了，但仍然写出了称赞牡丹花和杨贵妃的《清平调词》，皇帝看后非常高兴。再让他继续写时，李白要求当时服侍唐玄宗的高力士为自己脱去穿着的靴子。高力士见皇帝正在兴头上，就忍气吞声为李白脱去靴子，但日后却通过杨贵妃让唐玄宗疏远了李白，这就是"力士脱靴"的故事。

小池

〔宋〕杨万里

泉眼无声惜细流，
树阴照水爱晴柔。
小荷才露尖尖角，
早有蜻蜓立上头。

杨万里（1127～1206）：字廷秀，号诚斋，南宋大臣，著名文学家。与陆游、尤袤（mào）、范成大并称为"南宋四大家"（又作"中兴四大诗人"）。

【字词注释】

1 泉眼：泉水的出口。

【意蕴赏析】

这是一首以池塘为描写对象的诗。前两句勾勒出了池塘的大致全貌。池塘不大，出口处只有一股细流流出，天气晴朗，树阴映在水面上，呈现出一片柔和之色。诗中以"惜""爱"两字，将画面赋予人情，增加了生动性。后两句聚焦于池塘中一株小小的荷花。虽然荷花才刚刚露出水面小小的一角，但蜻蜓仿佛提前知道一样，已经站立在上面了。诗人捕捉到蜻蜓将飞未飞的一刻，让人在欣赏清晰美丽画面的同时不得不感叹作者的才情与眼光。

【知识扩展】

雨、雪等大气降水渗入地下后，会在两个隔水层之间形成地下水。地下水会顺岩层倾斜方向流动，遇到因地壳变动造成的侵入岩体阻挡，便会出露地表，形成泉水。

饮湖上初晴后雨（其二）

〔宋〕苏轼

水光潋滟[1]晴方好，
山色空蒙[2]雨亦奇。
欲把西湖比西子[3]，
淡妆浓抹总相宜。

【字词注释】

1 潋滟（liàn yàn）：水面波光闪动的样子。

2 空蒙（méng）：细雨迷茫的样子。

3 西子：即西施，春秋时期越国著名美女。

【意蕴赏析】

这是一首描写西湖风光的诗。前两句分别描写了西湖在晴天时泛起点点光亮的样子，以及在雨天与周围的山色连成一片、模糊不清的样子。对西湖风光总体概括后，诗人将西湖比喻成西施，赋予其表面下的神韵，让西湖在人们心中形成一个美丽动人的形象。这种美是永恒的，不会因为装束等外在条件改变而改变，从而与前文中的"晴""雨"相呼应，使全诗成为一个自然和谐的整体。小读者们想一想，这里的西湖与后面杨万里笔下的有什么不同呢？

【知识扩展】

中国古代四大美女，即西施、王昭君、貂蝉和杨玉环，分别有着沉鱼、落雁、闭月和羞花的美誉。相传，西施在溪边洗衣服时，鱼儿见到了她的倒影都停止了游泳，沉了下去；大雁见到去往草原途中的昭君时，忘记拍动翅膀，落到了地上；貂蝉拜月时，恰好清风吹着云彩遮住了月亮，所以有闭月一说；杨玉环在皇宫花园赏花时，手碰到一朵花后，花立马低下了头，这就是羞花的由来。

忆江南[1]（其一）

〔唐〕白居易

江南好，风景旧曾谙[2]；
日出江花红胜火，春来江水绿如蓝[3]。
能不忆江南？

【字词注释】

1 忆江南：词牌名。

2 谙（ān）：熟悉。

3 蓝：蓝草，其叶可制青绿染料。

【意蕴赏析】

作者开头就对江南的景色道出"好"的称赞，表明自己对江南景色是熟悉的。这也与"忆"相呼应。后面则是对江南景色之好的具体描绘。作者以江为中心，将江边花朵之红和江中流水之绿对比，让红者更红，绿者更绿。这一切在阳光的照射下，呈现出春天中一片生机盎然、争奇斗艳的景象。虽然没有更多自然描写物，但这两种颜色已经足够让人感受江南春天的魅力了。

【知识扩展】

词牌，就是词的格式名称。不同于诗只有绝句与律诗、五言与七言等简单的格式划分，词总共有一千多个格式。为了便于记忆和使用，人们给这些格式起了名字。这些名字就是词牌。

咏鹅

〔唐〕骆宾王

鹅，鹅，鹅，
曲项向天歌。
白毛浮绿水，
红掌拨清波。

骆宾王（约 638～684）：字观光，唐代诗人，与王勃、杨炯、卢照邻并称"初唐四杰"。

【意蕴赏析】

　　这是一首流传千古的诗，其能流传并非因为深刻的思想内涵，而是生动地描绘出了鹅的外形和神态。首句中连用三个鹅字，模拟鹅的叫声，起到一种先声夺人的效果。接着描绘鹅叫的画面，用"曲"字表现美态，用"向天"营造气势。后面两句，通过"白毛"与"绿水"，"红掌"与"清波"的对比，呈现出鲜艳丰富的色彩；通过"浮"与"拨"的动静结合，呈现出鹅的多样神态。这些与前两句中声音结合，成功塑造出鹅活灵活现的形象。

【知识扩展】

　　唐朝，武则天准备称帝时，李敬业在扬州起兵，骆宾王为此写了一篇声讨武则天的文章，名为《代李敬业传檄（xí）天下文》。武则天在读到文中"一抔之土未干，六尺之孤安在"之时，拍案而起，大赞骆宾王的才华，并称让这样的人才流落是宰相的过错。

咏柳

〔唐〕贺知章

碧玉妆成一树高，
万条垂下绿丝绦。
不知细叶谁裁出，
二月春风似剪刀。

【文人墨客】

贺知章（约659～约744）：字季真，晚年自号四明狂客、秘书外监，唐代诗人、书法家。
贺知章为人旷达不羁，好酒，有"清谈风流"之誉。与张若虚、张旭、包融并称"吴中四士"；
与李白、李适之等为"饮中八仙"；又与陈子昂、卢藏用、宋之问、王适、毕构、李白、孟浩然、
王维和司马承祯为"仙宗十友"。

【字词注释】

1 妆：打扮，装饰。
2 丝绦（tāo）：丝带。

【意蕴赏析】

这是一首描写柳树的诗，主要的特点就是反复运用比喻。诗人从远处看，觉得柳树像一位绿衣少女。走近后，觉得柳枝像衣服上垂下的丝带。走得更近后，发现了柳树新长出的叶子，形状十分美丽，就像有人用剪刀剪出来的一样。那这个人是谁呢？诗人正在思考，这时候柳叶飘动起来，啊，原来是春风啊。所以就把春风比作了剪刀。诗人描写采用动静结合、远近结合的方式，把柳树的整体美、局部美、静态美和动态美都写到了，可谓非常厉害啦。

【知识扩展】

比喻，在内容构成上可分为三个要素，即：本体（被打比方的事物或情境）、喻体（打比方的事物或情境）和喻词（表示打比方关系的词语）。按这三部分的隐现关系，比喻可分为三种基本类型：明喻、暗喻和借喻。其中，本体、喻体和喻词同时出现就是明喻；本体、喻体同时出现，但用"是""成"等词代替"像""如"等词的称为暗喻；以喻体来代替本体，本体和喻词都不出现的则属于借喻。

早春呈水部张十八员外[1]（其一）

〔唐〕韩愈

天街[2]小雨润如酥，

草色遥看近却无。

最是一年春好处，

绝胜烟柳满皇都。

【文人墨客】

　　韩愈（768～824）：字退之，自称郡望昌黎，世称韩昌黎、昌黎先生。唐代杰出的文学家、思想家、哲学家和政治家。谥号"文"，故称"韩文公"，并从祀孔庙。被后人尊为"唐宋八大家"之首，与柳宗元并称"韩柳"，与柳宗元、欧阳修和苏轼合称"千古文章四大家"。

【字词注释】

1 水部张十八员外：指唐代诗人张籍，因在同族兄弟中排行第十八，曾任水部员外郎，故称张十八员外。

2 天街：唐朝京师长安城承天门街的简称。

【意蕴赏析】

这是一首描写早春时节自然风景的诗，而这一时期景色最主要特点就是朦胧。春天的小雨飘落，使地上就像酥油浸过一样，雨中刚刚发芽的青草的颜色就像水滴在了绿色染料上，淡得好像没有一样。这两句精确地抓住了早春时青草刚刚变绿的时节特点。诗人将这称为一年春色中最好的时候，表明了其独到的眼光。比柳絮飘飞时的长安景色要好多了的断语，隐隐透出诗人意气风发之态。

【知识扩展】

孔庙，即孔子庙，又称作文庙，是纪念中国伟大的思想家、教育家孔子的祠庙建筑。从祀，即常设的、次于主要祭祀对象但与其密切关联的祭祀对象。从祀孔庙，是古代文人的最高荣誉。

早发白帝城[1]

〔唐〕李白

朝辞白帝彩云间，
千里江陵[2]一日还。
两岸猿声啼不住，
轻舟已过万重山。

1 白帝城：地名，位于现在的重庆市奉节县，建于高山上。

2 江陵：地名，位于现在的湖北省荆州市。

【意蕴赏析】

诗人写这首诗时正在被贬途中，半道上遇到赦（shè）令。第二句中的"千"和"一"并非实指，而是用时间短、路程长来突出船速快，也隐约透露出作者心中的愉悦。"还"则进一步说明诗人此时心情跟回家差不多。后两句表面写景实则是在描绘诗人的心情，猿猴的鸣叫更像是诗人内心的欢呼声，"轻"字更加说明诗人此时心情轻松，即便前面有万重大山的阻隔，眨眼间就能渡过。小读者们在阅读诗歌时，也要留意写作背景，这样对诗歌的理解会更充分。

【知识扩展】

三国时期，刘备的结义兄弟关羽被东吴所杀，刘备为了替关羽报仇，出兵攻打东吴，遭遇失败。刘备退到白帝城，在此一病不起，临死前将自己还未成年的儿子托付给诸葛亮，这就是白帝城托孤的故事。

池上

〔唐〕白居易

小娃撑小艇，
偷采白莲回。
不解藏踪迹[1]，
浮萍一道开。

【字词注释】

1 不解：不懂得，不明白。

【意蕴赏析】

池塘上有个小孩在奋力地撑着小船，他撑船干什么呢？原来采摘白莲花回来了，不过却是偷着去的。本来偷偷去的，也该偷偷回来，这样才能不被家里大人发现。可这个孩子不知道是不明白，还是高兴得忘了，完全不懂得隐藏自己。大人们看到池塘上被船荡开的浮萍时就已经发现他了。诗中没有正面描写小孩的神态，但我们可以猜想到这个小孩肯定是一脸神气的样子。如果小读者们想知道他采莲回来之后有没有被家长责备，就想想自己的类似经历吧。

【知识扩展】

白居易的诗语言平实，通俗易懂，可以说连老人小孩都能背诵。而白居易能够取得这样的成绩，是因为他每写完一首诗后都会念给不识字的老婆婆听，如果老婆婆听不懂，他就重新修改，一直到老婆婆听懂为止。

村居

〔清〕高鼎

草长莺飞二月天，
拂堤杨柳醉春烟[1]。
儿童散学归来早，
忙趁东风放纸鸢[2]。

【文人墨客】

高鼎（1821～1861）：字象一，又字拙吾，清代后期诗人。

1 春烟：春天因天气转暖，蒸发旺盛而在野外形成的烟雾般的水汽。
2 纸鸢（yuān）：一种外形像老鹰的纸质风筝。

【意蕴赏析】

这是一首描写春天自然风景与人物活动的诗歌。"草长莺飞"高度概括出此时的景物特点，同时又让画面具有动态感。后面的"拂""醉"则将杨柳拟人化，好像杨柳在抚摸堤岸，沉醉在春天的风光中了，实际上是诗人自己因为春光而沉醉。这时跑来的一群孩子，为场景中增添了欢声笑语。"忙"字突出了孩子们急于玩乐的心态，让整首诗更具天真活泼的感染力。我们可以想象到诗人肯定是在一旁微笑地看着眼前的一切。

【知识扩展】

纸鸢，即风筝，是中国古代劳动人民的一项发明。相传最初由墨翟（dí）以木头制成。后来鲁班用竹子，对风筝材质进行改良。直至东汉期间，蔡伦改进造纸术后，才有以纸做的风筝。放风筝最初是传递信息的一种方式，后来逐渐演化成为一种民间娱乐活动。

所见

〔清〕袁枚

牧童骑黄牛，
歌声振林樾[1][2]。
意欲捕鸣蝉，
忽然闭口立。

【文人墨客】

袁枚（1716～1798）：字子才，号简斋，晚年自号仓山居士、随园主人、随园老人。清朝诗人、散文家和文学评论家。

【字词注释】

1 振：意思是振荡，回荡。

2 林樾（yuè）：指道旁成阴的树。

【意蕴赏析】

这首诗描写的是一个小孩子。这个小孩子骑着黄牛，唱着歌。歌声非常嘹亮，回荡在树林之间。走着走着，小孩子听到树上有蝉在鸣叫，觉得有趣就想捕捉它。所以立马闭上嘴，不再唱歌，站在了树旁。诗人截取小孩面对想要的东西时产生突然变化的一幕，将他机灵率真的个性展现出来，让人不禁好奇他接下来会怎么做，是打算爬树，找根棍子，还是采用其他什么方法？小读者觉得他和《池上》中的那个小孩，哪个更像自己或者你的小伙伴呢？

【知识扩展】

"蝉"是诗歌中经常出现的一种意象。有时因为蝉住在高处，喝露水而生，认为其品行高洁，用来比喻诗人自己；有时因为蝉只会在特定的时刻鸣叫，用来指示时节变化；有时用来衬托环境的幽深；有时则用来渲染悲凉的气氛。

四时田园杂兴（其二）

〔宋〕范成大

梅子金黄杏子肥，
麦花雪白菜花稀。
日长篱落无人过，
惟有蜻蜓蛱蝶飞。

范成大（1126～1193）：字致能，又字幼元，早年自号此山居士，晚号石湖居士。南宋名臣、文学家。谥号"文穆"，后世称其为"范文穆"。南宋"中兴四大诗人"之一。

【字词注释】

1 蛱（jiá）蝶：动物名，蝴蝶的一种。

【意蕴赏析】

这是一首描写农忙时节农村生活场景的诗。诗中前两句用"梅子""杏子""麦花""菜花"点明时节，用"金黄""雪白"描绘颜色，用"肥""稀"描绘形态，将这个时候生机勃勃的大自然清晰地表现出来。后两句从侧面写农人繁忙的生活，一静一动，以蜻蜓和蝴蝶的安闲衬托出农人的忙碌。农人的身影没有出现在画面中，是因为他们在农田里忙碌，用一实有画面激发人们对另一虚有画面的想象，展现了诗人巧妙的构思与艺术手法。

【知识扩展】

二十四节气是指中国农历中表示季节变迁的二十四个特定节令，是根据地球绕太阳公转轨道上的位置变化而确定的。二十四节气用来指导农业活动，是一年中时令、气候、物候等方面变化规律所形成的知识体系。

四时田园杂兴（其七）

〔宋〕范成大

昼出耘田[1]夜绩麻[2]，
村庄儿女各当家。
童孙未解供[3]耕织[4]，
也傍桑阴学种瓜。

【字词注释】

1 耘田：在田间除草。
2 绩麻：把麻搓成绳线。
3 解：了解，懂得。
4 供：参加，从事。

【意蕴赏析】

本诗是以村中老者的口吻写就，总体上围绕一个"忙"字。首句写忙的时间和活动，第二句写忙的人物，构成一幅不论男女、不论白天黑夜都在忙碌的画面。三四句写即便不了解农活的小孙子，也在树阴下有模有样地学着怎么种瓜，显得天真可爱。小孩子未必真能帮上什么忙，更多是玩耍，因为大人都在忙，放在家中无人照看，所以被带到田间地头。小读者们可以想象，在大人低头忙碌中，偶尔传来小孩子欢叫声，这种景象是不是很有趣呢？

【知识扩展】

古代人喜欢在住宅周围栽植桑树和梓树。种桑树为了用桑叶养蚕，种梓树是用它的种子来制作蜡烛。所以"桑梓"一词在汉语中被人们用来代称故乡。

小儿垂钓

〔唐〕胡令能

蓬头稚子学垂纶[1]，

侧坐莓苔[2]草映身。

路人借问遥招手，

怕得鱼惊不应人。

【文人墨客】

胡令能（785～826）：唐代诗人。家中贫困，年轻时以修补锅碗盆缸为生，人称"胡钉铰（jiǎo）"。

【字词注释】

1 垂纶（lún）：垂钓，钓鱼。纶，钓鱼用的丝线。
2 莓苔：莓，一种野草。苔，苔藓。

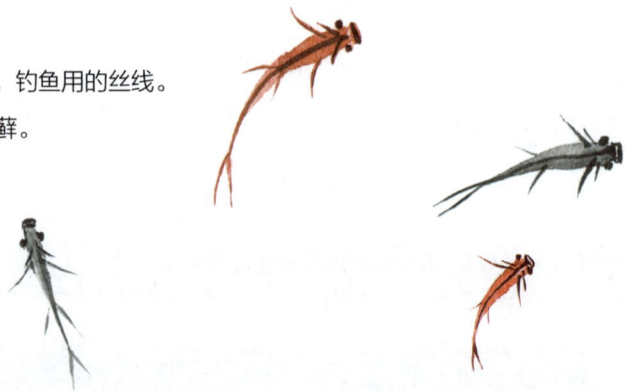

【意蕴赏析】

　　这首诗和《池上》《所见》一样，描写的是乡村小孩。小孩头发蓬乱，正坐在长着苔藓的阴凉处学习钓鱼，周围的杂草衬托出他的身影。钓鱼地方的选择，反映出小孩的聪明机灵和天真可爱。这时路上有个人走过来，想要问什么，可刚开口就被小孩摆摆手打断了，因为他怕一有人说话，就把鱼吓跑了，从这里可以看出他是多么专注。我们甚至可以想象小孩头也不回，一心只盯着水面的样子。小读者们，你们跟他像不像呢？

【知识扩展】

　　古代对于不同年龄的孩子有不同的称呼。

　　襁褓（qiǎng bǎo）：一岁以下。

　　孩提：两至三岁。

　　髫（tiáo）年：女孩七岁。

　　龆（tiáo）年：男孩八岁。

　　黄口：十岁以下。

　　幼学：十岁。

　　金钗之年：女孩十二岁。

　　豆蔻（kòu）年华：女孩十三四岁。

　　及笄（jī）：女孩十五岁。

　　碧玉年华：女孩十六岁。

　　舞勺之年：男孩十三岁至十五岁。

　　束发、志学：男孩十五岁。

　　舞象之年：男孩十五岁至二十岁。

乡村四月

〔宋〕翁卷

绿遍山原白满川[1]，
子规[2]声里雨如烟。
乡村四月闲人少，
才了蚕桑又插田。

【文人墨客】

　　翁卷：生卒年不详，字续古，一字灵舒，南宋诗人。与徐照、徐玑、赵师秀共称"永嘉四灵"。

1 白：指水光映天的景象。
2 子规：鸟名，杜鹃鸟。

【意蕴赏析】

诗用白描的手法写出了乡村的整体自然环境，绿原和白川虽为静景，却不呆板，"遍""满"两字极大扩展了画面中绿色和白色的比例，给人以生机勃勃的印象。第二句为动景描写，细雨中杜鹃鸟飞过，发出几声鸣叫，为画面增添一分朦胧的韵味。第三句从侧面概括乡村的忙碌，第四句则正面描写劳动的场景。"才""又"两字将农活一件紧接一件、几乎不能停歇的忙碌程度生动地体现出来。全诗语言平实，风格自然，表达了对农民辛勤劳动的赞叹。

【知识扩展】

白描，中国画技法名，同时也是文学表现手法之一，主要用朴素简练的文字描摹生动鲜明的形象。白描不使用铺陈和渲染的手法，要求对形象有精准的理解。

游山西村

〔宋〕陆游

莫笑农家腊酒浑，丰年留客足鸡豚[1]。

山重水复疑无路，柳暗花明又一村。

箫鼓[2]追随春社[3]近，衣冠简朴古风存。

从今若许闲乘月，拄杖无时[4]夜叩门。

陆游（1125～1210）：字务观，号放翁，南宋著名文学家、史学家。

【字词注释】

1 豚（tún）：小猪，诗中代指猪肉。
2 箫鼓：吹箫打鼓。
3 春社：古代把立春后第五个戊日作为春社日，拜祭社公（土地神）和五谷神，祈求丰收。
4 无时：没有固定的时间，随时。

【意蕴赏析】

这是一首记录旅行过程的诗。首联写农人招待客人的场面，"足"表明农人真诚，拥有东西不多却舍得拿出来。颔联中诗人走在弯曲的小路上，两旁花草树木的遮蔽，让人往往以为走到头了，可拐个弯儿就发现了路。其实，人生也是如此，总觉得某些时候所有的出路都被堵死，但只要坚持，就会有新发现。颈联从景物转向人事，描写了庆祝活动时，农村人充满活力的精神面貌。尾联中诗人与农民告别，约定以后再来，可见诗人对安闲生活的向往。

【知识扩展】

社稷，土神和谷神的总称，其中社为土神，稷为谷神。土地神和谷神是古代以农为本的中华民族最重要的原始崇拜。古时的君主为了祈求国家太平、五谷丰登，每年都要到郊外祭祀土神和谷神，即祭社稷，后来"社稷"就被用来借指国家。

泊船瓜洲[1]

〔宋〕王安石

京口[2]瓜洲一水间，
钟山[3]只隔数重山。
春风又绿江南岸，
明月何时照我还？

【文人墨客】

【文人墨客】

王安石（1021～1086）：字介甫，号半山，谥号"文"。封荆国公，世人又称王荆公。北宋著名思想家、政治家、文学家和改革家，"唐宋八大家"之一。

【字词注释】

1 瓜洲：镇名，位于现在扬州市南部长江边，京杭运河分支入江处。
2 京口：古城名，故址位于现在的江苏镇江市。
3 钟山：山名，即现在的南京紫金山。

【意蕴赏析】

本诗写于王安石被罢相后，再被朝廷起用而前往京师之际。历经因推行变法产生的各种纷争之后，寄居钟山，王安石此时已经心生退念。开头前两句表示瓜洲离自己家近，只有"一水"和"数重山"的间隔，暗藏对家的依恋。第三句中，"绿"字将春到江南的美景视觉化，比"过""到"等字更形象。"又"字则突出了时间的流逝，联系下文中表露的回家意愿，更显诗人对归期难定的无奈。

【知识扩展】

王安石变法，是王安石在宋神宗时期发动的以发展生产、富国强兵、挽救宋朝政治危机为目的的一场社会改革运动。变法一定程度上改变了北宋积贫积弱的局面，但在推行过程中使百姓利益受到不同程度的损害，加之触动了大地主阶级的根本利益，最终以失败而告终。

次北固山¹下²

〔唐〕王湾

客路青山外，行舟绿水前。

潮平两岸阔，风正一帆悬。

海日生残夜，江春入旧年。

乡书何处达？归雁³洛阳边。

【文人墨客】

王湾（约693~约751）：唐代诗人。

【字词注释】

1 次：旅途中暂时停宿，这里是停泊的意思。

2 北固山：山名，位于现在江苏镇江北，三面临长江。

3 归雁：北归的大雁。古代有用大雁传递书信的传说。

【意蕴赏析】

　　诗开头就点明自己漂泊在外,正处于旅途之中。诗人放眼望去,潮水几乎与两岸持平,呈现一片开阔的气派;江面上的风不急不缓,吹着船帆平稳向前。接下来是脍炙人口的两句。太阳初升,诞生于海上黑夜之中;新年未来,江边的春意已经踏入。拟人化的手法赋予自然景物以意志,让眼前所见带有一份冲破黑暗与寒冷的勇气。时节变化让诗人欣喜,也联想到了故乡,希望大雁能捎去对家人的问候,做到了与"客路""行舟"相呼应,浑然一体。

【知识扩展】

　　汉武帝时,出使匈奴的苏武因部下参与匈奴内部叛乱被单(chán)于扣留。数次派人劝降苏武均被拒绝后,单于愈加不想放苏武回乡,便派他去北海牧羊。汉朝派使者要求匈奴释放苏武,单于则谎称苏武已死。有人暗地告诉汉使真相并出主意让他对单于说:汉皇曾射下一只大雁,上面系着苏武的帛书,证明他没死。单于只得将苏武放回汉朝。鸿雁自此就成了信差的代称。

枫桥[1]夜泊

〔唐〕张继

月落乌啼霜满天，

江枫渔火对愁眠。

姑苏[2]城外寒山寺[3]，

夜半钟声到客船。

【文人墨客】

张继（约 715 ～约 779）：字懿孙，唐代诗人，生平事迹不详。

【字词注释】

1 枫桥：桥名，位于现在苏州市阊门外。

2 姑苏：苏州的别称。

3 寒山寺：寺庙名，始建于南朝梁代，相传因唐代僧人寒山、拾得曾住此而得名。

【意蕴赏析】

　　首句中"月落""乌啼""霜满天"从视觉、听觉、触觉三个方面描写了夜晚周围的环境。第二句用拟人化的手法，将枫树和渔火写得好像具有人类的感情一样，实则是诗人自己心中充满忧愁。此时，静谧的黑暗中钟声响起，原来是寒山寺的僧人在做佛事。后两句将前两句所描绘的画面扩大化，而且将声音添加了进去，让图片变成电影镜头。在钟声回荡中，诗人的思绪仿佛也在夜空中不断散开，心中泛起一道道茫然与失落。

【知识扩展】

　　古人划一昼夜为十二时辰，每个时辰相当于现在的两个小时，同时采用早上撞钟、晚上击鼓的方式让民众知晓时间。这便是晨钟暮鼓的由来。不过，寺庙中却是早晚都要击鼓撞钟，除了报时，也应用于参禅和做法事之中。

关雎

《诗经》

关关雎鸠[1][2]，在河之洲。窈窕淑女[3]，君子好逑[4]。
参差[5]荇菜[6]，左右流之。窈窕淑女，寤寐求之[7]。
求之不得，寤寐思服。悠哉悠哉[8]，辗转反侧。
参差荇菜，左右采之。窈窕淑女，琴瑟友之。
参差荇菜，左右芼之[9]。窈窕淑女，钟鼓乐之。

1 关关：象声词，雌雄二鸟相互应和的叫声。

2 雎鸠（jū jiū）：水鸟名。

3 窈窕（yǎo tiǎo）淑女：贤良美好的女子。窈窕，身材体态美好的样子。

4 好逑（hǎo qiú）：好的配偶。逑，匹配。

5 参差（cēn cī）：长短不齐的样子。

6 荇（xìng）菜：水草类植物名。

7 寤寐（wù mèi）：醒和睡。指日夜。

8 悠哉（yōu zāi）悠哉：意为"悠悠"，就是长。意指思念绵绵不断。

9 芼（mào）：择取，挑选。

【意蕴赏析】

　　这是一首描写青年男女从相恋、相思到最后结合的诗。第一行采用起兴的手法，用水鸟的相互鸣叫象征男女的相恋。第二行是男子对女子的追求，第三行则是追求过程中因不顺利而产生的苦恼。最后两行描绘的是两个人最终都喜欢上了对方。整个情感转变过程十分符合实际情况，但男女双方的举止却没有违反社会规范，甚至没有肢体接触，因此也受到后世儒家学者的推崇。叠句的运用也让这首诗读起来非常好听。

【知识扩展】

　　起兴，一种修辞手法，先说其他事物，再说要说的事物，但这两者之间必须有联系，不能是两个完全没有共同点的事物。它一般出现在开头，起到营造气氛，协调韵律，连接上下文和活泼文风等作用。

黄鹤楼[1]

〔唐〕崔颢

昔人已乘黄鹤去，此地空余黄鹤楼。

黄鹤一去不复返，白云千载空悠悠。

晴川历历[2]汉阳树，芳草萋萋[3]鹦鹉洲[4]。

日暮乡关何处是，烟波江上使人愁。

【文人墨客】

崔颢（hào）（704～754）：唐代诗人。

【字词注释】

1 黄鹤楼：古代名楼，旧址在湖北武昌黄鹤矶上。民国初年被火焚毁，1985 年重建，因传说费祎在此乘鹤登仙而得名。

2　历历：清楚可数。

3　萋（qī）萋：形容草木茂盛。

4　鹦鹉洲：在湖北省武汉市内，因东汉黄祖之子黄射在此大宴宾客时有人献上鹦鹉而得名。

【意蕴赏析】

诗歌的前两联主要是交代黄鹤楼得名的神话传说。以神话传说中曾经存在于此的人与鹤同此时空荡荡的景象形成对比，营造了一种缥缈未知的氛围。接着是诗人登上黄鹤楼后看到的景象：太阳照射下，河面泛着光亮，岸上的树木清晰可数，鹦鹉洲上的青草一片茂密。这本是令人愉悦的美景，可惜太阳西斜，景物失色，此时的心情在先前高兴的衬托下更为低落，看着江面上泛起的朦胧的雾气，诗人思乡之情渐起，与前面的虚无缥缈之感重合下显得更加浓重。

【知识扩展】

江南三大名楼指的是：江西南昌的滕王阁、湖北武汉的黄鹤楼和湖南岳阳的岳阳楼。三楼作为中华民族传统建筑艺术独特风格和辉煌成就的代表，分别因王勃的《滕王阁序》、崔颢的《黄鹤楼》和范仲淹的《岳阳楼记》而名扬天下。

回乡偶书（其一）

〔唐〕贺知章

少小离家老大回，
乡音无改鬓毛衰[1]。
儿童相见不相识，
笑问客从何处来。

1 鬓（bìn）毛衰（cuī）：鬓毛，额角靠近耳朵的头发；衰，减少的意思，结合起来就是额角旁的头发减少，这是年龄增大后产生的变化。

【意蕴赏析】

一般来说，人回家时总是很高兴，不过，诗人的心情要更复杂。自己小时候离开，回来时已变成了老头，但口音始终未变，对家乡的想念也没变。诗人正在想还有哪些人记得自己的时候，迎面走来了一个小孩，问客人你从哪里来。明明生在这里，却被当作外来者，小孩在笑，诗人内心却在哭。但细想自己离家多年，刚出生不久的小孩子又怎会认识自己？对时间流逝的感慨与对家乡既熟悉又陌生的感觉交织在一起，让诗人心情久久不能平静。

【知识扩展】

贺知章是个非常热情的人，当他知道李白进京后，便非常想见到他。俩人见面后，贺知章对李白的风采和才华都十分欣赏，决定和闻讯而来的其他人一起为李白接风洗尘。当众人酒足饭饱，要付账的时候，贺知章发现自己没带钱包，所以就把随身佩戴的小金龟当作酒钱给了店家。两个人后来成了好朋友，历史上也就有了"金龟换酒"的故事。

蒹葭[1]

《诗经》

蒹葭苍苍[2]，白露为霜。所谓伊人，在水一方。

溯洄[3]从之，道阻且长。溯游从之，宛在水中央。

蒹葭萋萋，白露未晞[4]。所谓伊人，在水之湄[5]。

溯洄从之，道阻且跻[6]。溯游从之，宛在水中坻[7]。

蒹葭采采，白露未已。所谓伊人，在水之涘[8]。

溯洄从之，道阻且右。溯游从之，宛在水中沚[9]。

【字词注释】

1 蒹葭（jiān jiā）：芦苇。蒹，没长穗的芦苇。葭，初生的芦苇。

2 苍苍：茂盛的样子。

3 溯洄（sù huí）：逆流而上。

4 晞（xī）：干。

5 湄（méi）：岸边水和草交接的地方。

6 跻（jī）：登、上升。

7 坻（chí）：水中的沙滩。

8 涘（sì）：水边。

9 沚（zhǐ）：水中的陆地。

【意蕴赏析】

读这首诗时不需要逐句分析，而要感受诗歌整体氛围。早晨太阳还未升起，芦苇叶子上露水还没干，从雾气中好像看到有人在河对面，试图看清那人的样子却总也看不清。朦胧画面中透出的求而不得，在诗歌的反复咏叹中不断加深。至于这个"伊人"具体指的是谁，诗中没有说明。不过，正是这种模糊给了我们想象的空间，他可能是爱人、友人、贤人，甚至可以是事业、理想等。想想放学后让爸妈来接自己却迟迟等不来的经历，就能大致理解了。

【知识扩展】

《诗经》是中国最早的一部诗歌总集，收集了西周初年至春秋中叶的诗歌，共311篇，也被称为《诗三百》。在先秦时期称为《诗》，经过孔子编订后被奉为儒家经典，称为《诗经》。《诗经》在内容上分为《风》《雅》《颂》三个部分。《风》是周代各地的民间歌谣；《雅》是周人的正声雅乐；《颂》是周王庭和贵族宗庙祭祀的乐歌。《诗经》内容丰富，是周代社会生活的一面镜子。

静夜思

〔唐〕李白

床前明月光[1]，
疑是地上霜。
举头望明月，
低头思故乡。

【字词注释】

1 床：有不同解释，一说为睡床，一说为井栏，一说为类似坐具的胡床。

【意蕴赏析】

诗人写这首诗时可能是晚上在屋外散步，也可能是半夜醒来，在恍惚中将月光错认为是地上结的霜。"霜"字在指出月光明亮的同时，也说明这是秋天，冷凉的季节更容易思念家乡。想到自己和家人头顶同一轮月亮，这里月光明亮，家那边又如何呢？诗人低下头，问题越想越多，却都没有答案。古时候没有电话，通信不便，出门在外很容易思念家人。小读者们现在可能不理解，但当你们长大，离开父母去另外的地方时，就能体会诗人的心情了。

【知识扩展】

　　明月是诗歌中经常使用的一个意象。诗歌中的蟾宫、婵娟、玉盘等也多指月亮。历代诗人描写月亮除了表达思念故乡，怀念他人的感情之外，还有其他用法，如表达对生命易逝、时空永恒的感叹和对边塞生活的愁苦等等。

九月九日[1]忆山东[2]兄弟

〔唐〕王维

独在异乡为异客，
每逢佳节倍思亲。
遥知兄弟登高处，
遍插茱萸[3]少一人。

1 九月九日：即重阳节。

2 山东：指的是华山以东，因诗人家乡在蒲州（位于现在的山西永济），故有此说。

3 茱萸（zhū yú）：一种香草。古时人们认为重阳节插戴茱萸可以避灾克邪。

【意蕴赏析】

　　诗人写这首诗的时候正远离家乡，身在长安。异地繁华，却很难融入。一个"独"字，两个"异"字将诗人所展现的孤独感不断叠加。本来平时已经很难受了，偏偏又赶上了重阳节。看着周围人都是举家出行，心中的孤独感更严重了。诗人想象自己的兄弟亲人们肯定是聚在一起登高望远，唯独少了自己。诗歌采用虚实相生的写法，将作者的思绪在家乡和长安间奔驰的心理活动形象地表现了出来。小读者们觉得，这首诗跟《静夜思》像不像呢？

【知识扩展】

　　重阳节，中国传统节日，又称重九节、晒秋节，为每年的农历九月初九日。古代把"九"定为阳数，九月九日，月份和日期都是阳数，相互重合，所以叫重阳。庆祝重阳节的活动一般包括出游赏秋、登高远眺、观赏菊花、遍插茱萸、吃重阳糕和饮菊花酒等。早在战国时期，重阳节就已经形成，到了唐代被正式定为民间节日，一直延续到现在。

无题[1]

〔唐〕李商隐

相见时难别亦难，东风无力百花残。

春蚕到死丝[2]方尽，蜡炬[3]成灰泪始干。

晓镜但愁云鬓[4]改，夜吟应觉月光寒。

蓬山[5]此去无多路，青鸟[6]殷勤为探看[7]。

【文人墨客】

李商隐（约 813～约 858）：字义山，号玉溪（谿）生，又号樊南生。晚唐著名诗人，和杜牧合称"小李杜"，与温庭筠合称为"温李"，又与李白、李贺合称"三李"。

【字词注释】

1 无题：唐代以来，因有的诗人不愿意写出表示主题的题目，所以常用"无题"。

2 丝：与"思"谐音，以"丝"喻"思"，含相思之意。

3 蜡炬：蜡烛。

4 云鬓：女子多而美的头发，这里比喻青春年华。

5 蓬山：蓬莱山，传说中海上仙山，指仙境。

6 青鸟：神话中为西王母传递音讯的信使。

7 探看（kān）：探望。

【意蕴赏析】

　　本诗虽无标题，但从内容来看应为描写男女的相思之苦。首联中以相见的难得和分别的难过，直接表明心境。逢百花掉落的时节，由眼前之景想到自身，更觉悲伤。接着化虚为实，以春蚕吐丝、蜡烛燃烧描写相思贯穿一生，不曾减退，其中又有不能相守的苦闷。后面转为对女方生活的想象，白天对着镜子发愁，晚上对着月亮诉说，表明对方也无时无刻不在想念自己。最后虽然找到传信者，但毕竟不是真实的人，相思终究不能缓解，还要持续下去。

【知识扩展】

　　西王母，也称王母娘娘，是古代中国神话传说中掌管不死药、罚恶、预警灾厉的长生女神。在道教神话中，西王母居住在西方的昆仑山，是女仙的首领，主宰阴气，相对的是男仙的首领东王公。

天净沙[1]·秋思[2]

〔元〕马致远

枯藤老树昏鸦，

小桥流水人家，

古道西风瘦马。

夕阳西下，

断肠人[3]在天涯[4]。

【文人墨客】

马致远（约 1250～1321 至 1324 间）：字千里，号东篱，元代著名散曲家、杂剧家，与关汉卿、郑光祖、白朴并称"元曲四大家"。

1 天净沙：曲牌名，为这首散曲的格式。

2 秋思：为这首散曲的标题。

3 断肠人：伤心到极点的人，这里指漂泊在外、内心孤寂的人。

4 天涯：远离家乡的地方。

【意蕴赏析】

　　这首作品大致可分为写景和抒情两个部分。前三句用九种景物串联出一幅广阔的秋天画卷。这些虽看似简单，但都是经过作者精心挑选具有代表性的秋天意象，以衬托下文中的愁绪。名词之前的"枯""老""昏""瘦"为整个画面染上了秋天独有的萧索，而小桥流水人家呈现的温暖色调则使整个画面更加丰富。最后一句为点睛之笔，不仅直接说出自己断肠伤心的心声，而且指出了缘由，即漂泊在外，远离家乡，从而与前文相呼应，形成统一的整体。

【知识扩展】

　　元曲是盛行于元代的一种文艺形式，包括杂剧和散曲，杂剧是戏曲，散曲是诗歌。散曲内容以抒情为主，有小令和散套两种。元曲一方面继承了诗词的清丽婉转；一方面直接揭露当时的社会黑暗，艺术成就与唐诗、宋词、明清小说并立。

相见欢

〔南唐〕李煜

无言独上西楼，

月如钩，

寂寞梧桐深院锁清秋。

剪不断，

理还乱，

是离愁。

别是一般滋味在心头。

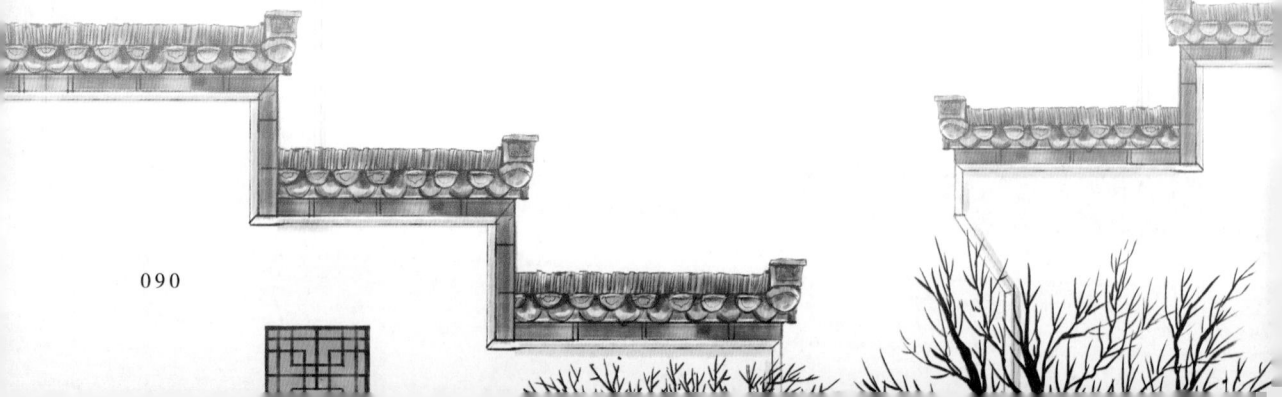

李煜（937～978）：南唐后主，初名从嘉，字重光，号钟隐、莲峰居士。

【意蕴赏析】

李煜是一位亡国之君，从人主到阶下囚的自身经历让其感情非常复杂。词的前三行描写景物，为抒情做铺垫；后面化虚为实，直接描写情绪。首句中高楼上的身影给人以寂寞形象，而"月""梧桐""深院"等则将这种寂寞扩大开来，"锁"字使整个画面更加沉重。词人将愁绪比喻成丝，不能视而不见，又无法处理。愁中有对过往生活的怀念，有对世事变化的感叹，有对现在的忧惧，无法向人诉说，只能堆积在心头。词中的沉郁之情，需要细细体会。

【知识扩展】

五代十国是中国历史上的一段大分裂时期，是对五代与十国的合称。五代是指唐朝灭亡后在中原地区先后出现的五个政权：后梁、后唐、后晋、后汉与后周。此外，中原地区之外存在过许多割据政权，包括前蜀、后蜀、南吴、南唐、吴越、闽、楚、南汉、南平（荆南）和北汉等。北宋建立后消灭掉其他政权，基本实现了全国的统一。

夜雨寄北

〔唐〕李商隐

君问归期未有期，

巴山[1]夜雨涨秋池。

何当[2]共剪西窗烛[3]，

却话巴山夜雨时。

【字词注释】

1 巴山：山名，位于四川盆地。

2 何当：什么时候。

3 剪西窗烛：在西窗下剪蜡烛的芯，这里形容彻夜长谈。

【意蕴赏析】

　　这是一首写给远方亲友的诗。诗人将对亲友的想念以对话的形式在自己的想象中展开。亲友问，什么时候回来，诗人说还不确定；亲友问，你那边天气怎么样，诗人说我这边正在下雨。涨满秋池的雨水既是自然环境的真实体现，也是诗人因不能归家极度愁苦的写照。"何当"表明了诗人对归期难定的担心，而在西窗下剪灯芯，聊今晚的情景则是诗人对回到家乡后和亲友团聚的畅想。画面中的温馨与现实的孤单，呈现了旅人的真实心态。

【知识扩展】

　　四川盆地夜雨多，主要是由于盆地内空气潮湿，天空多云，云层的阻隔，在夜晚容易形成云上和云下两个不同的气温区。云上气温较低，云下气温较高，冷热不均，空气形成对流，从而出现降雨的现象。

游子吟

〔唐〕孟郊

慈母手中线，游子身上衣。

临行密密缝，意恐迟迟归。

谁言寸草心[1]，报得三春晖[2]。

【文人墨客】

　　孟郊（751～814）：字东野，唐代著名诗人。因其诗作多写世态炎凉，民间苦难，故有"诗囚"之称，与贾岛并称"郊寒岛瘦"。

1 寸草：小草。这里比喻子女。

2 三春晖（huī）：春天灿烂的阳光，指慈母之恩。三春，旧称农历正月为孟春，二月为仲春，三月为季春，合称三春。晖，阳光。

【意蕴赏析】

本首诗为描写母子情深的名篇。诗的前两句描写了两件非常普通的东西——线和衣。衣服由衣线织成，两者密不可分，正是母子间关系的象征。孩子临行前，为他缝制衣服。针线之所以那么密是因为怕孩子在外受冻，衣服坏了也没人缝补。最后用普照的阳光象征无私的母爱，小草离不开阳光正如孩子离不开母亲一样。小草不能回报太阳什么，也正如孩子能为母亲做的总是少之又少。所以，小读者们要记得爱自己的妈妈哟。

【知识扩展】

《隋唐演义》中的好汉秦琼有次和朋友喝酒，因为高兴，就多喝了几杯，直到很晚才回家。可是到家门口时，秦琼发现母亲正立在门前。秦琼很意外，问母亲为什么不休息。母亲说这么晚才回来，都不知道儿行千里母担忧？街上有人被打，很多人都过去看热闹，我却不敢，生怕是你出了什么闪失。"儿行千里母担忧"被后世用来形容母爱深厚。

白雪歌送武判官[1]归京

〔唐〕岑参

北风卷地白草[2]折，胡天八月即飞雪。

忽如一夜春风来，千树万树梨花开。

散入珠帘湿罗幕，狐裘不暖锦衾薄。

将军角弓不得控，都护铁衣冷难着。

瀚海[3]阑干[4]百丈冰，愁云惨淡万里凝。

中军[5]置酒饮归客，胡琴琵琶与羌笛[6]。

纷纷暮雪下辕门[7]，风掣红旗冻不翻。

轮台[8]东门送君去，去时雪满天山路。

山回路转不见君，雪上空留马行处。

【文人墨客】

岑参(约715～770)：唐代边塞诗人，曾做过嘉州刺史，世称"岑嘉州"。诗歌风格与高适相近，后人多并称"高岑"。

【字词注释】

1 判官：官职名，为地方长官的僚属，帮助管理政事。

2 白草：草名，生长于西部地区，晒干后会变成白色。

3 瀚（hàn）海：沙漠。

4 阑（lán）干：纵横交错的样子。

5 中军：称主将或指挥部。

6 羌（qiāng）笛：羌族的一种乐器。羌族，生活在中国西北的少数民族。

7 辕（yuán）门：军营的门。

8 轮台：地名，位于现在新疆维吾尔自治区乌鲁木齐市米东区境内。

【意蕴赏析】

　　这是一首在雪天送别友人的诗歌。前八句写雪势之大与天气的严寒。将雪花比作梨花，写出了雪景的壮丽和来势之猛。天气的严寒则主要通过帐内帐外军人的穿衣、操练等日常活动反映出来。中间四句为送别的场景，其中前两句的天气描写为送别渲染气氛，后两句中的热闹和隆重，十分符合军人的风格。最后六句写送友人踏上归程。雪上点点足迹，勾起诗人的思绪。朋友会一路顺风吗？自己什么时候能回家？为诗歌增添了绵延不绝的韵味。

【知识扩展】

　　边塞诗派是盛唐诗歌流派之一，以书写战争为主题，或歌咏塞外风光，或书写建功愿望，或表现爱国思想，或反映思乡之情。边塞诗大都气势奔放，慷慨激昂，给人一种奋发向上的力量。代表诗人是高适、岑参、王昌龄、李颀、王之涣等，其中以高适、岑参成就最大，因而该诗派又称高岑诗派。

别董大¹（其一）

〔唐〕高适

千里黄云白日曛²，

北风吹雁雪纷纷。

莫愁前路无知己，

天下谁人不识君。

【文人墨客】

　　高适（约704～约765）：字达夫，一字仲武。唐代著名边塞诗人、官员。曾担任过散骑常侍的官职，世称高常侍。与岑参并称"高岑"，与岑参、王昌龄、王之涣合称"边塞四诗人"。

【字词注释】

1 董大：董庭兰，当时著名音乐家，因为在家中排行老大，故称董大。
2 曛（xūn）：太阳西沉时的黄昏景色。

【意蕴赏析】

　　送别诗一般都是先写景再抒情，本诗也不例外。夕阳下，日光暗淡，云彩也显出黄色。北风中大雁从天空飞过，不一会儿大雪下起来了。在这种天气中与朋友告别无疑增添了几分悲凉的气氛，但诗人笔锋一转，告诉朋友不要忧愁，因为几乎天下每个人都认识他，一定能找到知己。诗中充满对朋友的鼓励，反映出诗人豪迈的人生态度。小读者们，你们是否也体会到了这首诗的与众不同呢？

【知识扩展】

　　知己，即为理解、欣赏自己的人，是友情的最高境界，最典型代表就是伯牙和钟子期。伯牙善于弹琴，钟子期善于听琴。两个人没有对话，钟子期就能听出伯牙琴声中透露出的意思。而钟子期死后，伯牙就弄断琴弦，不再弹奏了。

赋得[1]古原草送别

〔唐〕白居易

离离[2]原上草，一岁一枯荣。

野火烧不尽，春风吹又生。

远芳侵古道，晴翠接荒城。

又送王孙[3]去，萋萋满别情。

【字词注释】

1 赋得：是古代人学习作诗、文人聚会分题作诗、科举考试时命题作诗的一种方式，称为"赋得体"。

2 离离：青草茂盛的样子。

3 王孙：本指贵族后代，这里指远方友人。

【意蕴赏析】

　　首句中以"离离"指出草的生命力特征。第二句中以草在一年内的枯荣变化凸显其生命力能经历时间的考验，虽然诗中只提到了"一岁"，呈现的却是时间更替、岁岁如此的效果。在遭受烈火焚烧这一极端考验后，草仍能长出来，生命力之顽强令人佩服。在下一联中，不再单一描写草，而是出现了与草相关的古道和荒城。这两者经常是远行的象征，正好承接题目中的"送别"。最后表明自己对友人的情谊如同青草般，不会因为时间和考验而改变。

【知识扩展】

　　古有"古草原送别"，今也有《送别》。《送别》是李叔同在日本留学期间，于1915年创作的一首歌曲。其曲调取自日本犬童球溪的《旅愁》，歌词内容为李叔同创作。歌曲语言精练，感情真挚，意境深邃，是音乐与文学完美结合的典范。

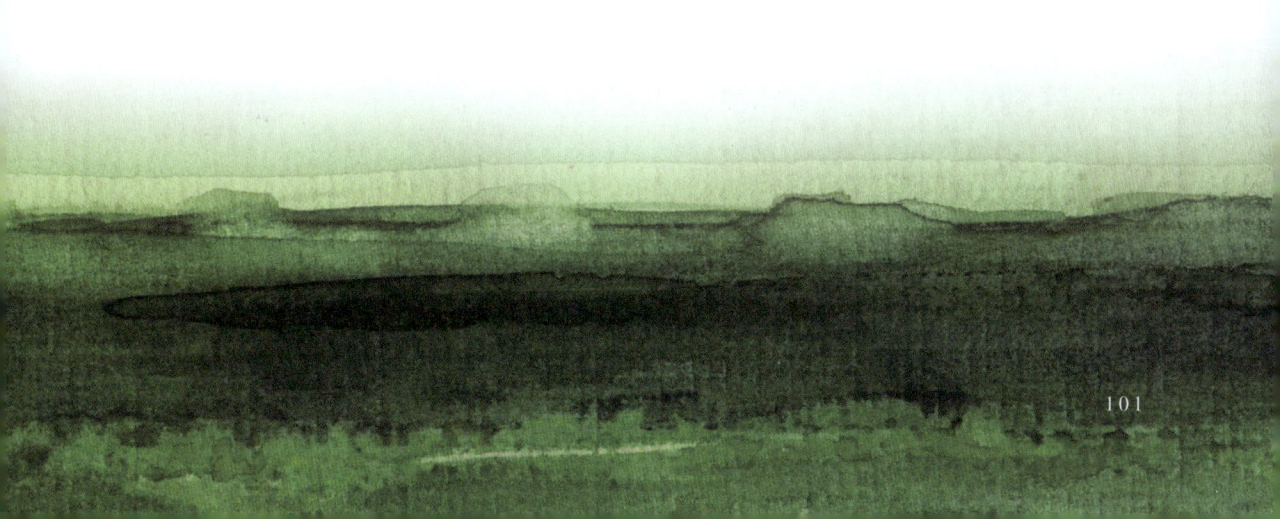

芙蓉楼[1] 送辛渐[2] （其一）

〔唐〕王昌龄

寒雨连江夜入吴，

平明[3]送客楚山[4]孤。

洛阳亲友如相问，

一片冰心[5]在玉壶[6]。

【文人墨客】

王昌龄（698～757）：字少伯，唐代著名边塞诗人，被誉为"七绝圣手"。

【字词注释】

1 芙蓉楼：原名西北楼，在现在江苏省镇江市西北。

2 辛渐：诗人朋友的名字。

3 平明：天亮的时候。

4 楚山：泛指长江中下游一带的山。

5 冰心：比喻纯洁的心。

6 玉壶：道教概念，这里指自然虚无之心。

【意蕴赏析】

晚上，雨下得比较密，几乎和江面连成一片。天亮后，送朋友离开，只留下山峰和自己一人做伴。前两句借景抒情，用"寒""孤"两字表现出诗人与友人相别时的心情。后两句为诗人说给朋友的话。如果有人打听自己，就告诉他们我的心仍然像冰一样纯洁，用平常心面对着世事变化。当时，王昌龄被贬在外做官，他这样说是想让自己的亲友知道，自己没有因为官场经历不顺而消沉，仍然保持良好的心志。

【知识扩展】

成语中对不同类型朋友有不同的称呼。

刎颈之交：可以同生死、共患难的朋友。

胶漆之交：志趣相投、亲密无间的朋友。

知音之交：非常了解、能赏识自己的朋友。

忘年之交：指年龄辈分不相当而结交的朋友。

竹马之交：童年时代就认识的要好的朋友。

金兰之交：两个或以上没有血缘关系的人结为类似亲属的朋友关系。

贫贱之交：贫困潦倒时结交的知心朋友。

君子之交：贤者之间的交情，平淡如水，不尚虚华。

泛泛之交：交情不深的朋友。

黄鹤楼送孟浩然之广陵[1][2]

〔唐〕李白

故人西辞黄鹤楼，
烟花[3]三月下扬州。
孤帆远影碧空尽，
唯见长江天际流。

【字词注释】

1 之：到。

2 广陵：扬州。

3 烟花：指的是柳絮如烟、繁花似锦的春天景象。

【意蕴赏析】

诗歌前两句点出了送别的时间、地点和朋友的目的地。因为朋友是顺流而下，所以说"下"扬州。后两句描写的是诗人目送朋友离开后的情景。广阔的江面上只有朋友乘坐的这一条船，诗人看着它久久不忍离去，直到船消失在视野之中，自己的思绪也随着流水跟朋友远去，脑中在想象着和朋友在扬州同游共乐的场景。小读者们不理解的话，可以在爸爸妈妈上班的时候，送到楼下，看着他们离开家，就大约能体会诗人的感受了。

【知识扩展】

扬州，地处长三角地区，是长江与京杭大运河交汇处，气候温暖，交通方便，商业发达，是我国首批历史文化名城。在许多诗歌中出现时多为美丽繁华的象征。

书¹湖阴先生²壁（其一）

〔宋〕王安石

茅檐长扫净无苔，

花木成畦³手自栽。

一水护田将绿绕，

两山排闼⁴送青来。

【字词注释】

1 书：书写，题诗。

2 湖阴先生：本名杨德逢，是王安石晚年住在金陵（南京）紫金山时的邻居。

3 成畦（qí）：成垄成行。畦，经过人为修整的田地。

4 排闼（tà）：推开门。闼，小门。

【意蕴赏析】

本诗是写在诗人邻居墙壁上的。前两句表面上写邻居家的环境干净又富有生机，但仔细一想环境中的景物都是主人亲自动手、悉心照料的结果，所以是在暗中表明邻居懂得生活情趣。后两句用拟人手法描写房子周围的环境。河流像手臂一样将绿色的农田守护起来；门前的山峰苍翠欲滴，上面的青色似乎脱离了山峰，将邻居的门推开，进到院子中来了。诗人赋予静景以意志，在增强其动感的同时也表明山水对邻居的认同，侧面突出了其品格高洁。

【知识扩展】

王安石在书院学习时，曾问先生李白写诗那么好，是否真有一支笔头能生花的笔。先生说有，并给了他九百九十九支笔，让王安石写秃一支换一支，一直写下去，就能找到它。王安石坚持不懈，在使用第九百九十九支笔时，觉得文思潮涌，一下子就写成了一篇很有见地的文章。他高兴得跳起来喊："我找到了，我找到生花笔了……"

送杜少府[1]之任蜀州

〔唐〕王勃

城阙[2]辅三秦[3]，风烟望五津[4]。
与君离别意，同是宦游[5]人。
海内存知己，天涯若比邻。
无为在歧路，儿女共沾巾。

【文人墨客】

王勃（约650～676）：字子安，唐代文学家，"初唐四杰"之一。

1 杜少府：诗人的朋友，因官居少府一职，故称为杜少府。

2 城阙（què）：即城楼，指唐代京师长安城。

3 三秦：指长安城附近的关中之地，即现在陕西省潼关以西一带。

4 五津：指岷江上的五个渡口，这里指川蜀一带。

5 宦（huàn）游：出外做官。

【意蕴赏析】

诗的开头点明送别地点后，又通过想象点明朋友的目的地。蜀州距离长安千里之遥，诗人不可能望见，这样做是为全诗奠定壮阔的境界。两个人因同在外做官的身份彼此安慰，分开后连这点儿安慰也没有了，想来怎能不让人伤感呢？但后面接着说只要真正了解对方，即便远隔天涯也会像在身边一样。诗中情感由伤感转为豪迈。最后承接前意，劝朋友没必要在分别的路口像小儿女那样哭哭啼啼，这是对友人的鼓励，也是对自己的宽慰。

【知识扩展】

士为知己者死。豫让是春秋时期晋国的一名武士，曾在多个贵族手下效力，但并未得到重用，最后被智伯收为心腹。在权力争夺中，智伯被赵襄子所杀。豫让为报答智伯的恩情，先后多次行刺赵襄子。被抓后，赵襄子问豫让为什么独独要为智伯报仇。豫让说因为智伯赏识自己。豫让在象征性地对赵襄子的衣服完成刺杀后，拔剑自刎而死。

送元二[1]使[2]安西[3]

〔唐〕王维

渭城[4]朝雨浥[5]轻尘，
客舍青青柳色新。
劝君更尽一杯酒，
西出阳关[6]无故人。

1 元二：诗人的朋友。姓元，在家排行第二。

2 使：出使。

3 安西：安西都护府，在现在新疆库车。

4 渭城：即秦代都城咸阳，汉代改为渭城。

5 浥（yì）：润湿。

6 阳关：地名，在现在甘肃敦煌西南，为古代通往西域的要道。

【意蕴赏析】

　　早晨被雨水浇湿的地面既无尘土也不泥泞，柳叶被洗得焕然一新、闪闪发亮，这一切都为送别营造了一种轻松的氛围。可见这次离别虽有不舍，却不悲痛。为朋友践行的宴席就要结束了，这时诗人对友人说：就再喝一杯吧，出了阳关之后就可能见不到朋友了。诗人对朋友的远行有担心、有体贴，也有祝愿。这些复杂的感情纠缠在一起，不知道如何一一说出来，或者怕说出来反而让朋友伤心，或者是时间不允许，所以只能沉默，将一切浓缩在酒中，让人在无声中感受到了诗人与朋友离别时的不舍。

【知识扩展】

　　《阳关三叠》又名《阳关曲》《渭城曲》，是根据唐代诗人王维的七言绝句《送元二使安西》谱写的一首著名的古琴曲。曲子音调纯朴而富于真情，风格上激动而沉郁，充分表达出作者对即将远行的友人的那种无限关怀的真挚情感。

闻王昌龄左迁[1]龙标[2]遥有此寄

〔唐〕李白

杨花落尽子规[3]啼，
闻道龙标过五溪[4]。
我寄愁心与明月，
随风[5]直到夜郎[6]西。

【字词注释】

1 左迁：贬谪，降职。古人以左为卑，以右为尊。所以将降职称为左迁。
2 龙标：地名，在现在湖南洪江市。古代官员贬谪一般都会去往远离京城的偏僻地方。
3 子规：即杜鹃鸟，其叫声婉转凄凉，听后会让人倍觉伤感。
4 五溪：五条溪流的总称，大约在贵州东部和湖南西部。
5 随风：一作"随君"。
6 夜郎：古代西南少数民族建立的国家政权。

【意蕴赏析】

诗的首句交代了写作时间，正是杨花凋落的时节，杜鹃啼叫，听后让人隐隐有一丝伤感。而就在这个时候听到了朋友被贬的消息，心情更加低落。后两句直接抒发了诗人的感情。他担心朋友被贬，精神受到打击，又为自己因路途遥远不能前去送行、宽慰朋友而感到苦恼。晚上，明月在微风中升起，诗人看着月亮想到了朋友，希望能够把自己的关心问候托付给它，让风一起送到朋友被贬的地方去，以便稍稍缓解朋友的忧愁。

【知识扩展】

夜郎，古代位于西南地区的一个小国家。因为地理原因，与外界交流并不频繁。有一次，夜郎国君主碰到了路过的汉朝使者，便向使者提问，夜郎和汉朝哪个大，完全不知道自己的国家只有汉朝一个州县的规模。后世用"夜郎自大"形容一个人的自负无知。

晓出净慈寺[1]送林子方[2]（其二）

〔宋〕杨万里

毕竟西湖六月中，
风光不与四时同。
接天莲叶无穷碧，
映日荷花别样红。

【字词注释】

1 净慈寺：寺庙名，位于杭州西湖旁边。

2 林子方：人名，诗人的朋友。

【意蕴赏析】

这是一首通过景物描写来委婉表达对友人不舍的送别诗。前两句既是对西湖此时风光的赞叹，更像是诗人希望朋友能留下来欣赏此时风景的话。后面描绘出在早晨阳光下，莲叶和荷花布满湖面，延伸至天际的壮丽景象。画面中红绿交加，给人以极大的视觉冲击。正因景色如此不凡，朋友的停留才有意义。值得注意的是诗中互文手法的运用，即虽然"接天""映日"之后分别只有"莲叶"和"荷花"，但实际上两者是同时存在的。

【知识扩展】

互文，修辞手法，上下两句或一句话的两个部分中，文字上只交代一方，看似在说两件事，实则在意义上是相互阐发，说的是一件事。互文的使用通常是出于诗歌精简和韵律的要求。

115

寻隐者不遇

〔唐〕贾岛

松下问童子，
言师采药去。
只在此山中，
云深不知处。

【文人墨客】

贾岛（779～843）：字阆（láng）仙，唐代诗人。因为贾岛诗的风格大都反映出一种凄苦的意境，而作诗的过程又非常耗费心血，所以被称为"诗奴"，与孟郊共称"郊寒岛瘦"；自号碣石山人。

【意蕴赏析】

诗人满怀期待地去拜访隐士，却没找到人，不禁失望。但接着心中一喜，在松树下发现了隐士的小徒弟。诗人问，你师父干什么去了；小孩说，师父采药去了。诗人又问，那他去哪儿采药了；小孩说，就在这座山里，但云深林密，也不知道具体在哪儿。诗人此时心情又转为低落。诗中青松、白云都是为了衬托隐士的高洁品行。这首诗虽然很短，但发挥想象就会发现其中隐藏的内容和变化的情感，虽然没直接说出来，却可以感受到，这就是诗歌的魅力。

【知识扩展】

推敲，用来形容反复思考，以求准确的情况，而这个词就与贾岛有关。其中有一个说法是，有一次，贾岛在作诗时，不知道是用"推"字好，还是"敲"字好，就反复地思考。不知不觉间就闯进了韩愈的仪仗队中。韩愈听了贾岛的苦恼后，觉得用"敲"字好，并向贾岛说明了理由，贾岛听后很高兴，接受了韩愈的意见，俩人也因此成了好朋友。

赠汪伦[1]

〔唐〕李白

李白乘舟将欲行，
忽闻岸上踏歌[2]声。
桃花潭[3]水深千尺，
不及汪伦送我情。

【字词注释】

1 汪伦：人名，李白的朋友。
2 踏歌：唐代一种民间歌舞形式，一边唱歌，一边用脚踏地打拍子，可以边走边唱。
3 桃花潭：地名，位于现在安徽省泾县一带。

【意蕴赏析】

这是一首表现朋友间深厚友谊的诗。不同于一般诗歌的含蓄，这首非常直白，第一句就点出了诗人此时将要坐船离开。后面的"忽"字则暗含了诗人听到友人歌声时内心的惊喜。那两个人的友情有多深呢？诗人先用夸张的手法将桃花潭说得很深，再用比兴的手法将桃花潭与友情联系起来，而"不及"一词让原本平缓的叙事起了变化，就像平静的湖面上突然出现了一丝波澜，惹人注意，在直白中收到了意想不到的艺术效果。

【知识扩展】

汪伦曾给李白写过一封信，信中说自己这里有十里桃花、万家酒店。李白好酒好游，所以欣然前往。到了之后，汪伦却说，桃花是潭水的名字，万家是因为酒店老板姓万，李白听后大笑，佩服汪伦的幽默与好客，俩人的友情更加深厚了。

泊秦淮¹

〔唐〕杜牧

烟笼寒水月笼沙，
夜泊秦淮近酒家。
商女²不知亡国恨，
隔江犹唱后庭花³。

1 秦淮：即秦淮河，主要河段流经南京，河流两岸为历代的繁华之地。

2 商女：以卖唱为生的歌女。

3 后庭花：乐曲名，即《玉树后庭花》，南朝陈后主沉溺于声色，作此曲与后宫女子整天取乐，最终导致亡国。后世将此曲作为亡国之音的代称。

【意蕴赏析】

首句中"烟""水""月""沙"构成了一幅完整的图画，隐隐透露着恬静柔和的氛围。第二句叙事，补充交代了这些景物位于秦淮河两岸。虽然正确的叙述顺序应该是第二句在前，第一句在后，但会弱化景物呈现的艺术效果。诗人靠近酒馆后，听到在唱的歌竟然是《玉树后庭花》。表面上说歌女不知道亡国的恨，实际却指点这首曲子的达官显贵们。这其中饱含着诗人对当时社会上层醉生梦死、不问时事的讽刺和对国家前途的忧虑、关切。

【知识扩展】

南北朝时陈朝后主陈叔宝沉溺酒色，不理朝政，酷爱妃子张丽华和孔贵嫔。隋军打来时，陈后主和两位妃子就一起躲藏到一口枯井中。后来搜宫时，三个人被从枯井中吊了上来，二妃被杀，陈后主被俘，陈朝灭亡。因为井口上蹭上妃子的胭脂，所以这口井后来就被叫作胭脂井。

蜂

〔唐〕罗隐

不论平地与山尖，
无限风光尽被占。
采得百花成蜜后，
为谁辛苦为谁甜？

罗隐（833～909）：字昭谏，唐末五代时期诗人、思想家。

【字词注释】

1 无限风光：指鲜花开放的广大区域。

【意蕴赏析】

这是一首以蜜蜂为主题的诗。开头用直白的语言描绘了蜜蜂繁忙的生活状态，"不论""无限""尽"则暗含了诗人对蜜蜂工作能力之强的赞叹。花蜜酿成之后，却被取走了绝大部分，这与蜜蜂的付出无疑不成比例。那么蜜蜂这样辛苦是为了谁呢？又是谁得到了甜蜜呢？原本拥有崇高形象的蜜蜂，突然变得令人怜悯；而拿走蜜蜂劳动果实的人无疑是可恶的。诗人用反问的语气，以蜜蜂象征劳动者，在表达对其同情的同时也暗含着对剥削者的谴责。

【知识扩展】

采集花蜜的蜜蜂寿命一般只有30～40天。为了采蜜，它们每天要从蜂巢进进出出10～15次，飞到距离蜂巢两三千米之外的地方，如果附近没有花朵则要飞到六七千米甚至更远的地方。每次完工，要采过1100～1446朵花。运回蜂巢的花蜜约为蜜蜂体重的一半，世界上76%的粮食作物和84%的植物依靠它们在花间传授花粉。

江上渔者

〔宋〕范仲淹

江上往来人，
但爱鲈鱼[1]美；
君看一叶舟，
出没风波里。

【文人墨客】

范仲淹（989～1052）:字希文，北宋杰出的文学家、思想家和政治家。谥号为"文正"，被称为范文正公。

【字词注释】

1 鲈（lú）鱼：鱼的一种。

【意蕴赏析】

江面上船只来来往往，载着很多人。这些人为什么来这儿呢？原来是为了品尝味道鲜美的鲈鱼。要想吃到这些鱼，只能靠渔夫去江中捕捞。渔夫自己的小船，在江面上就像一片叶子，在水中漂荡，随时可能因风浪太大而翻掉，丢失捞到的鱼，乃至自己的性命。食客的安闲姿态，同渔夫的繁忙身影形成鲜明的对比，让我们知道渔夫生活的辛苦与危险。小读者们想一想，这里的渔夫跟后面李绅《悯农》中的农夫是不是有点儿相似呢？

【知识扩展】

在古代中国有对去世的人成功和过失进行评价的习惯，而谥号就是朝廷对这些人生前表现或褒或贬的概括。被赠予谥号的人通常为皇帝、皇后和诸侯大臣等社会地位较高的人。

卖炭翁

〔唐〕白居易

苦宫市也。

卖炭翁，伐薪烧炭南山中。

满面尘灰烟火色，两鬓苍苍十指黑。

卖炭得钱何所营？身上衣裳口中食。

可怜身上衣正单，心忧炭贱愿天寒。

夜来城外一尺雪，晓驾炭车辗[1]冰辙[2]。

牛困人饥日已高，市南门外泥中歇。

翩翩两骑[3]来是谁？黄衣使者[4]白衫儿[5]。

手把文书口称敕[6]，回车叱牛牵向北。

一车炭，千余斤，宫使驱将惜不得。

半匹红绡一丈绫[7]，系[8]向牛头充炭直[9]。

1 辗（niǎn）：同"碾"，轧。

2 辙（zhé）：车轮滚过地面碾出的痕迹。

3 骑（jì）：骑马的人。

4 黄衣使者：指皇宫内的太监。

5 白衫儿：指太监手下的爪牙。

6 敕（chì）：皇帝的命令或诏书。

7 半匹红绡一丈绫：唐代商贸交易，绢帛等丝织品可以代替货币使用。但当时钱贵绢贱，半匹纱加上一丈绫也与一车炭的价值相差很远。

8 系（jì）：绑扎。这里是挂的意思。

9 直：同"值"，指价格。

【意蕴赏析】

这是一篇对唐朝宫市制度进行批判的作品。木炭形成要经过砍柴、烧制等种种艰辛劳作。即便这样，卖炭所得的钱也只够勉强维持温饱的水平，可见卖炭翁生存的艰难。"衣正单"与"愿天寒"的矛盾，更是将其生活的悲惨程度提升到了极点。本来炭要是正常卖出，老人的生活还可能有所好转，但皇宫太监的出现将这微弱的希望也扼杀了，其骄横的态度与老人的可怜对比，让人不禁对宫市制度痛恨至极。老人卖炭后的命运虽未交代，却让人可想而知。

【知识扩展】

宫市始于唐朝，是宫廷从市场上采购生活用品的一种行为。本来由官府承办，后来改为太监办理。他们经常派几百人到市场上去，看到需要的东西，只付给很少的代价，或者干脆白拿，甚至还要货主送到宫内，并勒索运费。这给商人和农民带来了深重的灾难。

悯农[1] (其一)

〔唐〕李绅

春种一粒粟[2],
秋收万颗子。
四海无闲田,
农夫犹饿死。

【文人墨客】

李绅（772～846）：字公垂，唐代诗人、宰相。与元稹、白居易有很深的交往。

【字词注释】

1 悯（mǐn）：怜悯，同情的意思。
2 粟（sù）：谷子，小米，这里泛指粮食。

【意蕴赏析】

春天播下一颗种子，到秋天就收获了很多粮食。这里的万，不是说诗人数过，不多不少正好一万，而是一种夸张的手法。一粒种子已经收获这么多了，而全国所有的农田都种上了，这样收获应该很多吧？但还有农民饿死了。因为古时候农民种粮，除了留下自己吃的，还需要向地主交租。农民饿死正是因为他们向地主交的太多。了解这些后，尽管诗人只是陈述形成强烈反差的事实，并未评论，我们仍会在内心中产生对农民的同情。

【知识扩展】

夸张，一种修辞手法，即在客观现实的基础之上，运用丰富的想象力，把事物某方面的特征有目的地扩大或缩小，以增强表达效果。

悯农（其二）

〔唐〕李绅

锄禾[1]日当午，
汗滴禾下土。
谁知盘中餐，
粒粒皆辛苦。

【字词注释】

1 禾：禾苗，指的是谷类植物的幼苗。

【意蕴赏析】

小读者们在读这首诗时，可以想象这样一个画面：一个晴朗的夏日，太阳挂在天上，有人在田里给禾苗锄草，汗水一滴一滴地落在土里。从中我们知道了当时天气有多热，也知道了这个人就是农民伯伯，因为只有他们才会不顾炎热在田里劳作。虽然我们中的一些人不住在农村，但不是跟农村、农民完全没有关系了，你们碗里的每一粒米都是农民伯伯们用汗水浇灌而来的，饱含着他们辛苦的付出。所以，小读者们吃饭时，一定要记住节约粮食，不要浪费哟。

【知识扩展】

相传李绅有一次到地方上任，需要渡过一条河到对面去，不过河水太浅不能行船。当地人说，河边上有一座龙庙，只有给庙里的龙备上礼品，才能让河水上涨，坐船过去。李绅听后大为恼火，不仅没有献上礼品，反而写了文章，称要向上天告发这条龙的劣迹，结果河水上涨，李绅也顺利渡河。

131

木兰辞

北朝民歌

唧唧[1]复唧唧，木兰当户织。不闻机杼声[2]，惟闻女叹息。问女何所思，问女何所忆。女亦无所思，女亦无所忆。昨夜见军帖，可汗[3]大点兵，军书十二卷，卷卷有爷[4]名。阿爷无大儿，木兰无长兄，愿为市鞍马[5]，从此替爷征。

东市买骏马，西市买鞍鞯[6]，南市买辔头，北市买长鞭。旦辞爷娘去，暮宿黄河边，不闻爷娘唤女声，但闻黄河流水鸣溅溅[8]。旦辞黄河去，暮至黑山头，不闻爷娘唤女声，但闻燕山胡骑[9]鸣啾啾[10]。

万里赴戎机，关山度若飞。朔气传金柝[11]，寒光照铁衣。将军百战死，壮士十年归。

归来见天子，天子坐明堂。策勋十二转[12]，赏赐百千强[13]。可汗问所欲，木兰不用尚书郎，愿驰千里足，送儿还故乡。

爷娘闻女来，出郭相扶将；阿姊闻妹来，当户理红妆；小弟闻姊来，磨刀霍霍[15]向猪羊。开我东阁门，坐我西阁床，脱我战时袍，

著我旧时裳。当窗理云鬓，对镜帖花黄¹⁶。出门看火伴¹⁷，火伴皆惊忙：同行十二年，不知木兰是女郎。

雄兔脚扑朔，雌兔眼迷离；双兔傍地走¹⁸，安能辨我是雄雌？

【字词注释】

1 唧（jī）唧：纺织机的声音。一说为叹息声，意思是木兰无心织布，停机叹息。

2 机杼（zhù）声：织布机发出的声音。机，指织布机。杼，织布梭（suō）子。

3 可汗（kè hán）：古代西北地区民族对君主的称呼。

4 爷：和下文的"阿爷"一样，都指父亲。

5 愿为市鞍（ān）马：愿意为此去买马和马鞍等马具。市，买。

6 鞯（jiān）：马鞍下的垫子。

7 辔（pèi）头：驾驭牲口用的嚼子、笼头和缰绳。

8 溅（jiān）溅：水流激射的声音。

9 胡骑（jì）：胡人的骑兵战马。胡，古代对于北方少数民族的称呼。骑，一人一马的合称。

10 啾（jiū）啾：马叫的声音。

11 金柝（tuò）：古代军中用的一种铁锅，白天用来做饭，晚上用来报更。

12 策勋十二转（zhuǎn）：立了最大的功。策勋，记功。转，勋级每升一级为一转，十二转为最高的勋级。

13 赏赐百千强（qiáng）：赏赐很多的财物。百千，形容数量多。强，有余。

14 姊（zǐ）：姐姐。

15 霍霍（huò）：模拟磨刀的声音。

16 帖（tiē）花黄：帖，通"贴"。花黄，古代妇女的一种面部装饰物。

17 火伴：伙伴。火，同"伙"。

18 傍（bàng）地走：贴着地面并排跑。

【意蕴赏析】

　　这是一首长篇叙事诗。文中的几个段落分别描写了以下几个事件：木兰决定代父出征，准备好后奔赴战场，征战沙场十年，归来受赏还乡和家人团聚卸除戎装。最后用一个比喻点明木兰从军多年未被发现身份的秘密。全诗虽长，但详略得当，详细描写与家人相关的内容，略写战场上和朝堂上的场景，表现了木兰是一个忠于国家、爱恋家人、向往和平的人，体现了劳动人民身上淳朴而又高洁的精神。铺排等艺术手法的运用也使这首诗读起来朗朗上口。

【知识扩展】

　　铺排是铺陈、排比的简称。在古代民歌中运用得极为普遍。铺排是将一连串内容紧密关联的景观物象、事态现象、人物形象和性格行为，按照一定的顺序组成一组结构基本相同、语气基本一致的句群。它不仅可以塑造出典型的人物形象，再现各种场景，渲染情绪气氛，描绘人物心理，也为诗歌带来了音律和气势上的美。

十五从军征

汉乐府

十五从军征，八十始得归。

道逢乡里人："家中有阿谁？"

"遥看是君家，松柏冢累累[1][2]。"

兔从狗窦[3]入，雉[4]从梁上飞。

中庭生旅谷，井上生旅葵[5]。

舂[6]谷持作饭，采葵持作羹[7]。

羹饭一时熟，不知贻阿谁[8]。

出门东向看，泪落沾我衣。

1 冢（zhǒng）：坟墓。

2 累累：形容坟丘一个连一个的样子。

3 狗窦（dòu）：给狗出入的墙洞。窦，洞穴。

4 雉（zhì）：野鸡。

5 旅葵（kuí）：即野葵。

6 舂（chōng）：把东西放在石臼或乳钵里捣掉皮壳或捣碎。

7 羹（gēng）：糊状的汤。

8 贻（yí）：送，赠送。

【意蕴赏析】

　　这首诗描写的是士兵回到家乡后的场景。在战场上生死搏杀多年，还能回到家乡不能不说是一件幸运的事，老兵非常高兴，盼望见到家人。询问乡亲，却被告知家人都已去世，多年来的团聚愿望一下子破灭。走到门口时发现，庭院已经荒废。勉强收拾后，做好了饭，碗拿在手中，想起自己曾说要给家人做饭，现在做了却不知道盛给谁。放下碗，出门向东看，伤心得流下眼泪。连年战争带给人民家破人亡的灾难，在老兵情感变化中体现得非常完整。

【知识扩展】

　　东汉末年，当时军阀为避免士兵逃散，将其家属集中管理，形成军户。在这些家庭中，子承父业，甚至祖孙三代都为兵，而且年老之后也不能退役，改为从事后勤运输方面的工作。这就是世兵制。

题临安[1]邸[2][3]

〔宋〕林升

山外青山楼外楼，

西湖歌舞几时休？

暖风熏[4]得游人醉，

直把杭州作汴州[5]。

【文人墨客】

林升：生卒年不详，大约生活在孝宗朝（1163～1189），字云友，又名梦屏，南宋诗人。

1 题：题写，书写。

2 临安：南宋的都城，在现在浙江杭州。

3 邸（dǐ）：旅店。

4 熏（xūn）：吹。

5 汴（biàn）州：北宋的都城，在现在河南开封。

【意蕴赏析】

本诗写于宋朝王室南迁杭州之后。青山相续，楼台相叠，构成一片美景。本来在美景中载歌载舞很正常，但此时距离北宋王朝覆灭还不久，国家百姓还没有从离乱中解脱出来，歌舞无疑是不合时宜的。"休"字表明纵情声色已经到了离谱的程度，反问的语气则暗含了诗人对于朝廷的不满。沉迷享乐的作风已经让统治阶级堕入醉梦中，忘记自己是逃命至此的游人身份，反而把这里当作失去的首都一样。这是对朝廷的责问与讽刺，也饱含诗人的愤恨与痛心。

【知识扩展】

靖康之变，发生于北宋宋钦宗靖康年间，金军攻破了当时北宋都城东京（现在河南开封），俘虏了宋徽宗、宋钦宗父子及皇族、妃嫔与朝臣等三千余人，押往关外松花江下游五国城（现在黑龙江依兰）"坐井观天"。金军将城中洗劫一空，至此北宋灭亡。事变发生后，残存的宋朝宗室迁都临安（现在浙江杭州），继续统治，史称南宋。

夏日绝句

〔宋〕李清照

生当作人杰[1]，
死亦为鬼雄[2]。
至今思项羽[3]，
不肯过江东。

【文人墨客】

李清照（1084～1155）:号易安居士。宋代女词人，婉约派代表人物，有"千古第一才女"之称。

【字词注释】

1 人杰：人中豪杰。

2 鬼雄：鬼中英雄。

3 项羽：名籍，字羽，秦末起义军领导人之一，被誉为中国历史上最勇猛的武将。

【意蕴赏析】

诗的前两句概括了项羽的一生。面对敌人的追击，项羽没有逃回江东，怕没脸见家乡父老。项羽虽败，但还存一丝廉耻之心。凭这一点，就可以称之为鬼中英雄，这个名声一点儿也不比生前人中豪杰的称号轻。和项羽处于相似境地的南宋朝廷，却选择逃跑，可以说一丝廉耻都没有了。作者借古讽今，以对项羽的称赞，暗示对当时政权不思夺回失地，一味求和苟安的不满。可以说作者对项羽有多敬佩，就对南宋朝廷有多瞧不起。

【知识扩展】

楚汉之争，是发生于公元前206年至公元前202年间，西楚霸王项羽与汉王刘邦两大集团为争夺政权而进行的一场大规模战争。项羽在战争中失败，因为觉得自己从家乡江东带来的人都已战死，回去之后没脸见父老乡亲，在垓（gāi）下被刘邦围困后自杀。刘邦建立汉朝，成为西汉的开国皇帝。

赤壁

〔唐〕杜牧

折戟沉沙铁未销[1]，
自将磨洗认前朝。
东风不与周郎[2]便，
铜雀[3]春深锁二乔[4]。

【字词注释】

1 戟（jǐ）：古代兵器。

2 周郎：即周瑜，字公瑾，东汉末年名将。

3 铜雀：铜雀台，位于河北临漳县，是曹操晚年行乐的地方。

4 二乔：东吴乔公的两个女儿，嫁给孙策的称大乔，嫁给周瑜的称小乔，合称"二乔"。

【意蕴赏析】

　　这是一首咏叹历史的诗。一段在水中捞起、尚未完全销蚀的断戟引起了作者追往过去的思绪，成为后文展开的铺垫。后面写假若赤壁之战时没有东风，恐怕战争的结局就要改变。诗人对改变结局的呈现没有聚焦在宏伟的场面或人物，而落笔于两个女子身上。不过，"二乔"不是普通的女人，如果她们两个被曹操俘获深锁宫中，表明东吴肯定已经战败，遭受屈辱。这种以小见大的方式给了读者一种不同的历史视角，新颖别致。

【知识扩展】

　　东汉末年，孙权、刘备联军在长江赤壁一带以火攻大破曹操大军，这场战役就是赤壁之战。战后，曹操回到北方，孙、刘各自夺去荆州的一部分，奠定了三国鼎立的基础。这场战争也是中国军事上以弱胜强的著名战役之一。

江南春

〔唐〕杜牧

千里莺啼绿映红，
水村山郭[1]酒旗[2]风。
南朝[3]四百八十寺，
多少楼台烟雨中。

1 郭：外城。这里指城镇，与乡村相对。

2 酒旗：一种挂在酒馆门前充当招牌的旗帜。

3 南朝：存在于东晋与隋朝之间，以南京为都城的宋、齐、梁、陈四个朝代的总称，因为领土大多在中国南方，故称南朝。

4 四百八十寺：虚指，南朝皇帝官员好佛，兴建的寺庙很多。

【意蕴赏析】

诗的前两句通过远近结合、动静结合和视听结合的方式，将具有中国南方特色的景物浓缩在一幅画面中。"千里"虽是虚指，也在情理之中，因为如果没有这么广的范围就不可能看到这么多的景物。雨中的佛寺让人生出一种迷离之感，恰好符合南朝在历史上呈现出的华丽哀伤气象，而这与南朝君臣沉溺佛教、忽视现实不无关系。诗中可以看到诗人对历史的追思和对当时社会的忧虑。但也有人认为，后两句只是单纯地在描写景物，并无借古讽今的意味。

【知识扩展】

借古讽今，古代封建社会中许多知识分子，大都博古通今，对现实有较为深刻的体察，但碍于朝廷不能明说，所以在创作时往往从历史人物和事件中去寻求载体，委婉地表达对当时统治者的劝告和警诫。

山坡羊¹·潼关怀古²

〔元〕张养浩

峰峦如聚，波涛如怒，

山河表里³潼关⁴路。

望西都⁵，意踌躇。

伤心秦汉经行处，宫阙万间都做了土。

兴，百姓苦；亡，百姓苦。

【文人墨客】

张养浩（1270～1329）：字希孟，号云庄，又称齐东野人，元代著名政治家、文学家。

1 山坡羊：元曲牌名，为这首散曲的格式。

2 潼关怀古：为这首散曲的标题。

3 山河表里：潼关外有黄河，内有华山，地势险要。

4 潼（tóng）关：古关口名，位于现在陕西省潼关县。

5 西都：指西安。这里泛指秦汉以来在西安及附近建立的都城。

【意蕴赏析】

　　这首散曲是作者路过潼关时抒发怀古之思的作品。前两句用拟人化手法，以"聚""怒"赋予山河以动态和感情，凸显其雄伟的气势。接着点明山河的所在地，突出地势的险要。看到眼前的景物，作者不禁陷入沉思。为什么呢？原来是繁华褪去，只剩下一片荒凉，让人看着伤心。作者并没有停留在感伤之上，而是对历史兴亡进行了深度思考，得出百姓始终是受苦人群的结论。作品通过写景、议论和抒情的结合，呈现出沧桑沉郁的感伤。

【知识扩展】

　　西安曾经为西周、秦、西汉、新莽、东汉、西晋、前赵、前秦、后秦、西魏、北周、隋和唐等十三个王朝的都城；洛阳曾经为夏、商、西周、东周、东汉、曹魏、西晋、北魏、隋、唐、武周、后梁、后唐和后晋等王朝的都城；南京曾经为东吴、东晋、南朝·宋、南朝·齐、南朝·梁、南朝·陈、五代·杨吴（西都）、五代·南唐、南宋（行都）、明、南明、太平天国和中华民国的都城；北京先后为辽陪都、金中都、元大都和明清国都。

长歌行[1]

汉乐府

青青园中葵[2]，朝露待日晞。

阳春布德泽，万物生光辉。

常恐秋节至，焜黄[3]华[4]叶衰。

百川东到海，何时复西归？

少壮不努力，老大徒伤悲！

【字词注释】

1 长歌行：汉乐府曲题。

2 葵：蔬菜名。

3 焜（kūn）黄：草木凋落枯黄的样子。

4 华（huā）：同"花"。

【意蕴赏析】

　　这是一首借自然景物来比喻人生的作品。园中青葵在早晨露水中生机勃勃的样子正如人生之初充满希望。万物在太阳照射下生长又因为季节变化枯萎，正如人生会经历从青年、壮年到老年的变化。这是人生的不变真理，正如河水只会汇入大海而不会向西回流一样。为此，人必须珍惜时间，年少时候不努力，到老的时候即便想努力，也没有机会了，只好兴叹悲哀。小读者们把这首诗背下来后，常常诵读，会在不同的年纪有不同的体会。

【知识扩展】

　　汉乐府诗《孔雀东南飞》和北朝民歌《木兰辞》合称为"乐府双璧"。这两首诗歌都是叙事长诗，以其深刻的社会思想意义和极高的艺术成就，为历代文人所推崇。《木兰辞》又名《木兰诗》。《孔雀东南飞》又名《古诗为焦仲卿妻作》，是汉代古乐府民歌杰作之一，也是现存下来的最早的一首长篇叙事诗。

登飞来峰[1]

〔宋〕王安石

飞来山上千寻塔[2]，

闻说鸡鸣见日升。

不畏浮云遮望眼，

自缘身在最高层。

【字词注释】

1 飞来峰：山名，传说此山从琅琊郡东武县飞来的，故名飞来峰。一说为浙江绍兴城外的宝林山，又名塔山。一说在现在浙江杭州西湖灵隐寺前。

2 千寻塔：非常高的塔。寻，古代长度单位，八尺为一寻。

这首诗写于诗人初涉仕途、路经飞来峰时。首句用夸张的手法写诗人所站位置之高，所以能在鸡刚叫、太阳初升时就看到眼前的一切。对于人生刚刚开始的诗人来说，旭日东升就是前途的象征。在前面写景的基础上，下面开始议论抒情。"浮云"常象征着奸邪小人，而诗人"不畏"小人是因为身处最高层，能洞见常人所见不到的景象。这既是诗人胸襟气度的展现，也是登高才能望远这种哲理的阐发，与后边苏轼的《题西林壁》有异曲同工之妙。

【知识扩展】

相传古代有一座山叫桃都山，山上有一棵大桃树，树枝弯弯曲曲延伸了三千里。这棵树上栖息着一只天鸡。每天太阳升起的时候，照到这棵树上，天鸡就打鸣，然后天下所有的公鸡都跟着鸣叫，让人们知晓白天的到来。

浣溪沙¹

〔宋〕晏殊

一曲新词酒一杯，
去年天气旧亭台。
夕阳西下几时回？

无可奈何花落去，
似曾相识燕归来。
小园香径独徘徊²。

晏殊（991～1055）：字同叔，北宋著名文学家、政治家。与其子晏几道，被分别称为"大晏"和"小晏"，又与欧阳修并称"晏欧"。

【字词注释】

1 浣溪沙：唐玄宗时教坊曲名，后用为词调。
2 徘徊（pái huái）：在一个地方来回走。

【意蕴赏析】

这是一首风格清新的小令，表面上是在写景，却暗含着种种哲理。作者以词酒为伴的生活很安闲，眼前的天气和景物让他觉得熟悉，不禁想起过去。他可能想起了什么，也可能没有，但无论哪种结果都和夕阳一样，回不来了。落花不能重回枝头，燕子回来了却好像不是之前那只，再美好的事物也不会重复出现。最后，作者将内心世界化为外部场景，让人能看到他的惆怅、惋惜和思考过程。至于思考的答案，小读者们觉得他想到了吗？

【知识扩展】

小令是词调体式之一，指篇幅短小的词，通常在五十八字以内。小令为词中最早出现的格式。在篇幅上，小令有单片、双片和多片的区别。在句子形式上，小令有齐句、长短句的差异。

观书有感（其一）

〔宋〕朱熹

半亩方塘一鉴开[1]，
天光云影共徘徊。
问渠[2]那得清如许？
为有源头活水来。

【文人墨客】

朱熹（1130～1200）：字元晦，又字仲晦，号晦庵，晚称晦翁，谥文，世称朱文公。宋朝著名的理学家、思想家、哲学家、教育家和诗人，闽学派的代表人物，儒学集大成者，世尊称其为朱子。

1 方塘：又称半亩塘，在福建尤溪城南郑义斋馆舍（后为南溪书院）内。
2 渠：第三人称代词，它，这里指方塘之水。

【意蕴赏析】

本诗为借景描写读书感受的哲理名篇。开头两句写所见之景，池塘的水非常清澈，阳光和云彩倒映在上面，并随着天空景象的变动而改变。后面诗人提出疑问，又接着道出答案，塘水如此清澈是因为源头有活水不断注入。这种景象与读书的感受非常相像，在书中有所得时，正如清水流进了心里。一个人只有不断从书中获取知识，才能让自己的心灵保持清楚明白的状态，才能让世界在自己内心展示出本来的样子。

【知识扩展】

朱子读书法是古代最有影响的读书方法论，是宋代理学家朱熹的学生汇集他的训导概括归纳出来的，共六条：循序渐进、熟读精思、虚心涵泳、切己体察、着紧用力和居敬持志。朱子读书法是我国古代读书法的精华，值得认真研究和参考。

题西林壁[1]

〔宋〕苏轼

横看成岭侧成峰，

远近高低各不同。

不识庐山真面目，

只缘[2]身在此山中。

【字词注释】

1 西林：寺庙名，即西林寺，位于江西庐山。

2 缘：因为，由于。

【意蕴赏析】

　　这是一首借景写理的诗。前两句是诗人游览庐山时，因为观察地点不同而看到的不同景象。这既是对庐山风景多样性的概括，也是后两句诗人游览结束后得出经验体会的基础。虽然就在这座山中，却不知道庐山的哪一面才是它真正的面目。只有在尝试横看、侧看、远看和近看之后，才能综合各种角度，在心中对庐山的全貌有清晰的认识，让自己摆脱片面狭隘的限制。小读者们想一想，无论是观察生活中的景物，还是思考解决问题的方法，是否都如此呢？

【知识扩展】

　　哲理诗是表现诗人的哲学观点、反映哲学道理的诗。这种诗内容含蓄，多将哲学的抽象道理蕴含于鲜明的艺术形象之中，实现形象性和抒情性的有机结合。它侧重于宣示人生智慧，传达理趣。

游园不值[1]

〔宋〕叶绍翁

应怜屐齿[2]印苍苔，
小扣柴扉[3]久不开。
春色满园关不住，
一枝红杏出墙来。

【文人墨客】

叶绍翁：生卒年不详，字嗣宗，号靖逸，南宋中期诗人。

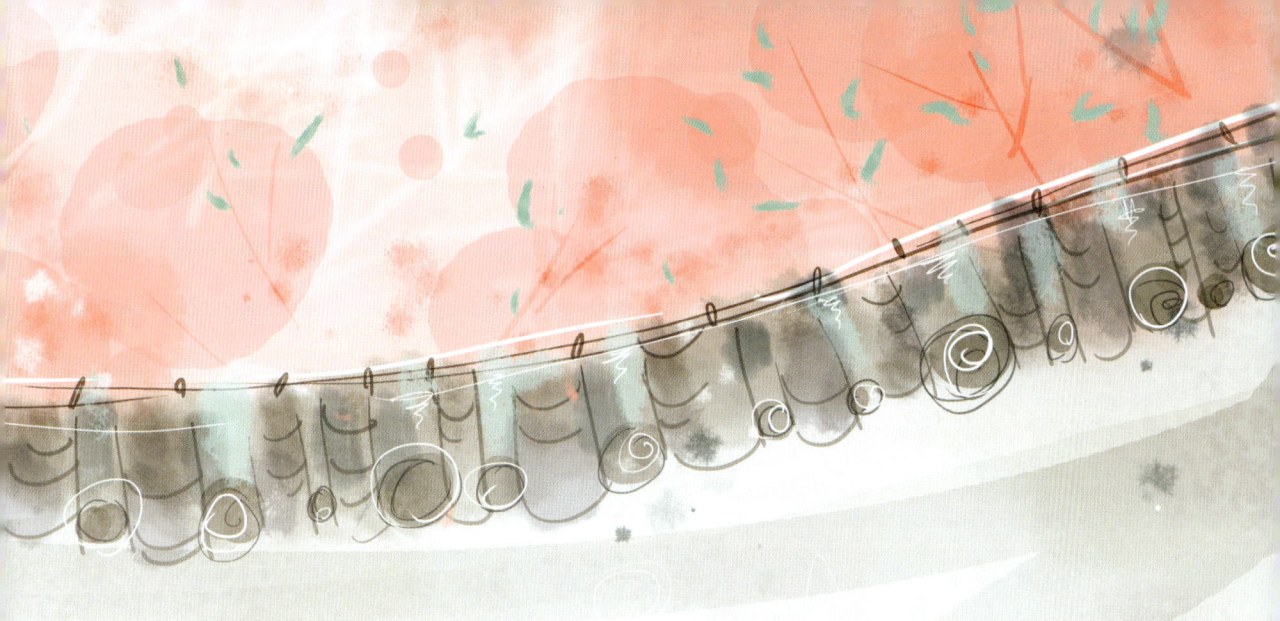

【字词注释】

1 游园不值：想游园没遇到机会。值，遇到。

2 屐（jī）齿：鞋底前后的高跟儿。屐，木鞋。

3 柴扉（fēi）：用木柴、树枝编成的门。

【意蕴赏析】

这首诗是写访友不遇的经历。诗人在门前敲了好久都没有人来开门，猜想应该是主人爱惜园中的青苔，怕自己会踩坏它们。本来只是恰好主人不在家的意外情况，诗人却描述为好像是刻意为之的结果，这是要为后文主人的出现做铺垫。虽然主人想把春色关在园子里，但是仍没有挡住墙头那一枝红色杏花伸出墙外。看到此景，诗人先前失落的心情也转为惊喜。全诗寓情于景，景中蕴理，表明了对新生事物能冲破任何束缚的赞叹。

【知识扩展】

木屐，简称屐，是一种两齿木底鞋，适合在南方雨天、泥地行走。木屐由中国人发明，是汉人在隋唐以前，特别是汉朝时期的常见服饰。后传入日本，在日本流行至今。

春望

〔唐〕杜甫

国破¹山河²在，城春草木深。

感时花溅泪，恨别鸟惊心。

烽火³连三月，家书抵⁴万金。

白头搔更短，浑⁵欲不胜⁶簪⁷。

【字词注释】

1 国：国都，指长安，位于现在陕西西安。

2 破：陷落。

3 烽火：古时边防报警的烟火，这里指安史之乱的战火。

4 抵：值，相当。

5 浑：简直。

6 胜：承受。

7 簪（zān）：一种束发的首饰。

【意蕴赏析】

本诗写于"安史之乱"发生之后。战争使山河虽在但国都已经破败，春天来临却只是让城池湮没于荒草之中。诗中存与败、荣与衰的对比，显得触目惊心。鸟儿花朵本是欢乐的象征，这里却使人惊心流泪，以乐景写哀情，更显悲伤之重。在持续的音信断绝中，来自家人的消息十分珍贵，可值得万金之数。内心的愁苦得不到排遣，使诗人青丝变白发，头上的白发越挠越少，都快插不住簪子了。诗人对国家的忧虑、亲人的思念、和平的期盼，一直感染着后人。

【知识扩展】

弱冠，古代男子二十岁时要举行成人礼，把蓄留的长发盘成发髻，然后戴上代表成人身份的帽子，表示今后可以承担社会责任，但此时身体还没变得足够强壮，所以称"弱冠"。

古朗月行[1]

〔唐〕李白

小时不识月，呼作白玉盘。

又疑瑶台[2]镜，飞在青云端。

仙人[3]垂两足，桂树[4]何团团。

白兔[5]捣药成，问言与谁餐？

蟾蜍[6]蚀圆影，大明夜已残。

羿[7]昔落九乌[8]，天人清且安。

阴精[9]此沦惑，去去不足观。

忧来其如何？凄怆摧心肝。

【字词注释】

1 朗月行：乐府诗题。

2 瑶（yáo）台：传说中神仙居住的地方。

3 仙人：传说驾月的车夫。

4 桂树：传说长在月亮上，永远不会被砍断。

5 白兔：传说居住在月亮上，会捣药。

6 蟾蜍：传说居住在月亮上，会不断吞食月亮。

7 羿（yì）：我国古代神话中射落九个太阳的英雄。

8 乌：金乌，指代太阳。

9 阴精：指代月亮。

【意蕴赏析】

这是一首由丰富的想象力串联起来的诗。前四句以小孩子天真的想象力为开端，以小孩子的活泼可爱衬托月亮的美好。随着人年龄的增长，知识不断丰富，对月亮的天真开始被好奇代替。进一步成长后，建立了理性认识，发现了月亮的不完美。诗人希望有人能解决这个问题，除掉造成月亮残缺的蟾蜍，但无奈一时找不到像后羿那样的人，心中既忧虑又伤痛。诗人以月亮的变化象征存在隐忧的唐王朝，迫切希望清除积弊，让国家恢复以往的光辉繁盛。

【知识扩展】

传说古时候，曾有十个太阳，他们每天轮流值班。但有一天，十个太阳突发奇想，一起出现在天上，结果把大地都烤焦了，还烧死了许多人和动物。有一个神箭手后羿被天帝派去驱赶太阳。后羿用弓箭射下了九个，留下一个，帮助人们从此脱离了苦海。这就是后羿射日的由来。

己亥¹杂诗（其五）

〔清〕龚自珍

浩荡离愁白日斜，
吟鞭东指即天涯。
落红²不是无情物，
化作春泥更护花³。

【文人墨客】

　　龚自珍（1792～1841）：字璱人，号定盦（ān）。晚年居住昆山羽琌山馆，又号羽琌山民。清代思想家、诗人、文学家和改良主义的先驱者。

1 己亥：中国传统纪年法干支纪年中一年，诗中指的是公元 1839 年。

2 落红：落花。花朵以红者为尊，因此落花又称为落红。

3 花：这里比喻国家。

【意蕴赏析】

本诗写于诗人被迫辞官，离开北京之际。诗人心中愁苦之大，可以称之为"浩荡"之势，如同西斜的落日那样带着几分惨淡与悲壮。这一离开就几乎是永远与朝堂隔绝，自己未来究竟如何仍未知晓，就如天涯般遥远。可即便脱离朝堂如同花朵从枝头凋落一样，诗人心中还是放不下对国家民族命运的担忧，仍要有所作为。联系史实，诗人这样做是为了回到家乡，以讲学的方式为国家变革培养人才，用另外一种方式效力于国家。

【知识扩展】

虎门销烟指林则徐在龚自珍等禁烟人士的支持下，被任命为钦差大臣，在广东虎门集中销毁鸦片的历史事件。这件事后来被外国人利用，成为第一次鸦片战争的导火索。

己亥杂诗（其一百二十五）

〔清〕龚自珍

九州生气恃风雷[1]，

万马齐喑[2]究可哀。

我劝天公重抖擞[3]，

不拘一格降人才。

【字词注释】

1 九州生气恃（shì）风雷：只有风雷般的巨大力量才能使中国焕发生机。九州，中国的别称。生气，生机。恃，依靠。风雷，喻指急剧彻底的社会变化。

2 万马齐喑（yīn）：千万匹马都没有声音，比喻社会死气沉沉的局面。喑，沉默、不说话。

3 抖擞（sǒu）：振作精神。

【意蕴赏析】

这是一首描写社会政治的诗。当时社会充满危机，人们精神上一片死寂，诗人将这一现实状况比作"万马齐喑"予以生动地呈现。中国要恢复生机，就需要社会变革，而且力度必须达到风雷般强劲才能生效。后两句指出了变革的具体实施途径，就是突破传统标准，任用全新的人才。全诗使用"风雷""万马""天公"等词，呈现出了一种雄厚的艺术风格，暗含作者对社会的深刻批判和企盼国家复兴的强烈渴望。

【知识扩展】

《尚书·禹贡》将汉族原居住地分为九个区域，称为"九州"。九州分别是：冀州、兖州、青州、徐州、扬州、荆州、豫州、梁州和雍州。后来九州和华夏、神州等一同成为中国的代称。

茅屋为秋风所破歌

〔唐〕杜甫

八月秋高风怒号[1]，卷我屋上三重茅。茅飞渡江洒江郊，高者挂罥[2]长林梢[3]，下者飘转沉塘坳[4]。

南村群童欺我老无力，忍能对面为盗贼，公然抱茅入竹去。唇焦口燥呼不得，归来倚杖自叹息。

俄顷[5]风定云墨色，秋天漠漠向昏黑。布衾[6]多年冷似铁，娇儿恶卧踏里裂。床头屋漏无干处，雨脚如麻未断绝。自经丧乱[7]少睡眠，长夜沾湿何由彻[8]？

安得广厦千万间，大庇[9]天下寒士[10]俱欢颜，风雨不动安如山。呜呼！何时眼前突兀[11]见[12]此屋，吾庐独破受冻死亦足！

【字词注释】

1　怒号（háo）：大声吼叫。

2　挂罥（juàn）：挂着，挂住。罥，挂。

3　长（cháng）：高。

4　塘坳（ào）：低洼积水的地方。

5　俄顷（qǐng）：不久，一会儿。

6　布衾（qīn）：布质的被子。衾，被子。

7　丧（sāng）乱：战乱，指安史之乱。

8　何由彻：如何才能挨到天亮。彻，彻晓。

9　大庇（bì）：全部遮盖、掩护起来。庇，遮盖，掩护。

10　寒士："士"原指士人，即文化人，但此处是泛指贫寒的读书人。

11　突兀（wù）：高耸的样子，这里用来形容广厦。

12　见（xiàn）：同"现"，出现。

【意蕴赏析】

这首诗可以分为四部分。第一部分写狂风吹走屋上茅草。"号""卷""飞""洒""挂""飘转""沉"让我们清晰地看到了整个过程。如果前面写天灾,第二部分写的就是人祸,诗人心有不甘,又无可奈何,只有独自叹息。第三部分写屋漏又逢连阴雨,让诗人悲伤到极点,联想到人生的穷困和国家的动乱,最终再也压抑不住内心的情感,大声呼喊出来,从而引出第四部分。诗人用热烈的希望面对冷酷的现实,愿为理想献身的博大胸襟一直激励着后人。

【知识扩展】

杜甫草堂现位于四川省成都市,是杜甫为躲避"安史之乱"在成都时的住所。杜甫在草堂居住的近四年期间,创作诗歌二百四十余首。杜甫离开成都后,草堂被毁。唐末诗人韦庄寻找到草堂遗址,重结茅屋,使之得以保存,宋元明清历代都有修葺扩建。

南乡子¹·登京口北固亭怀古²

〔宋〕辛弃疾

何处望神州³？

满眼风光北固楼。

千古兴亡多少事？悠悠。

不尽长江滚滚流。

年少万兜鍪⁴，

坐断东南战未休。

天下英雄谁敌手？曹刘⁵。

生子当如孙仲谋⁶。

【文人墨客】

　　辛弃疾（1140～1207）：原字坦夫，后改字幼安，号稼轩 。南宋豪放派词人、将领，有"词中之龙"之称。与苏轼合称"苏辛"，与李清照并称"济南二安"。

【字词注释】

1 南乡子：词牌名。

2 登京口北固亭怀古：词的标题。京口，地名，即现在江苏省镇江市。北固亭，亭名，位于镇江市北固山上。

3 神州：原指中国，这里指被金人占领的中原地区。

4 兜鍪（dōu móu）：原指古代士兵作战时所戴的头盔，这里代指士兵。

5 曹刘：指的是曹操和刘备。

6 孙仲谋：指孙权，字仲谋。

【意蕴赏析】

这是一首怀古咏史的词。上片写景，由远处大好风光转到近处滚滚长江。词人所处的地点为抗金前线，看到被敌人所占的领土，不禁引起对国家的忧愁和对历史兴亡的感叹，恰如东流的长江，绵延不绝。下片以夸张的手法，烘托出孙权年纪轻轻却能称雄一方的豪迈气概，并借用第三者之口表达对孙权的赞叹。当时南宋和东吴所处地理位置很相近，却畏缩一隅。对孙权的赞叹有多高，对当时朝廷就有多不满。最后表达出词人对孙权式英雄的渴望。

【知识扩展】

豪放派是宋词的一个流派，与侧重表现儿女情怀、风格柔美的婉约派并为宋词两大词派。豪放词的风格境界宏大、气势磅礴、不拘格律、崇尚直率，在内容上更喜欢军情国事这样的重大题材。南宋豪放词的形成与作者关注国家命运是分不开的，辛弃疾为这一时期的代表人物。

破阵子[1]·为陈同甫赋壮词以寄之[2]

〔宋〕辛弃疾

醉里挑灯看剑，
梦回吹角连营。
八百里[3]分麾下炙[4]，
五十弦[5]翻塞外声。
沙场秋点兵。

马作的卢[6]飞快，
弓如霹雳[7]弦惊。
了[8]却君王天下事，
赢得生前身后名。
可怜白发生！

174

175

【字词注释】

1　破阵子：词牌名。

2　为陈同甫赋壮词以寄之：词的标题。陈同甫，即陈亮，字同甫，南宋思想家、文学家，辛弃疾的朋友。

3　八百里：牛名。

4　分麾（huī）下炙（zhì）：把烤牛肉分赏给部下。麾下，部下。麾，军中大旗。炙，切碎的熟肉。

5　五十弦：原指瑟，这里指各种乐器。

6　的卢（dí lú）：原为刘备的坐骑，这里指跑得快的马。

7　霹雳（pī lì）：又急又响的雷，比喻拉弓时弓弦响声很大。

8　了（liǎo）却：了结，完成。

【意蕴赏析】

晚上调亮灯光看剑，暗含词人内心的复杂，既有上战场杀敌的宏愿，又有不能实现的苦闷。勉强入睡之后，梦到了与士兵们同吃同乐，点兵操练，营造了出征前肃穆而又无往不胜的氛围。接着写与敌人拼杀的场景，疾驰而过的身影和弓弦的声音让画面充满紧张感。战争胜利，天下太平，将军也得以功成名就。可这一切都只是梦，醒来后，发现自己已有了白发。想象中的豪迈与现实中的寂寥形成强烈反差，让读者体会到作者报国无门、英雄迟暮的悲愤之情。

　　战国时，赵国不断被秦国入侵，赵王想起用老将廉颇，但又不知他现在还能不能征战沙场，就派人去查看。廉颇的仇敌郭开怕他得到重用，就重金收买了使者。廉颇与使者见面时，为了表示自己身体健壮就连吃一斗米和十多斤的肉，还披甲上马。使者回来向赵王报告："廉颇将军虽然年老了，但还很能吃，只是在与臣一起吃饭的时候上了三次茅房。"赵王听后感叹"廉颇老矣"，就不再任用廉颇。

秋夜将晓出篱门迎凉有感（其二）

〔宋〕陆游

三万里河东入海，
五千仞岳上摩天。
遗民泪尽胡尘里，
南望王师又一年。

【字词注释】

1　仞（rèn）：古代的长度单位，一仞相当于七八尺。

2　遗民：生活在金人占领区的汉人。

3　胡尘：意为胡人骑兵铁蹄践踏地面扬起的尘土，指金人的暴虐统治。

【意蕴赏析】

　　诗中前两句中的"三万里"和"五千仞"虽是虚指，却营造了一种雄浑壮阔的景象，充满了对祖国山河的赞美之情。接来下笔锋一转，展现了一幅汉族人民在金人统治下饱受磨难的景象，在大好河山衬托下，让人顿觉可惜与悲痛。被占领地区的百姓非常渴望宋朝统治者赶走金人，一直在等待，等到眼泪都哭干了，可是向南望去的视野中始终未现宋军的身影。一年又一年，不知道什么时候才会来。诗人借人民之口对朝廷表达的不满已经跃然纸上。

【知识扩展】

　　中国古代常见容量单位有石（dàn）和斛（hú），常见重量单位有石、钧，常见长度单位有跬、仞、舍和寻。其中十斗为一石，五斗为一斛，三十斤为一钧，一百二十斤为一石，半步为跬，七尺或者八尺为一仞，古代行军时以三十里为一舍，八尺为一寻。

示儿

〔宋〕陆游

死去元知万事空，
但悲不见九州同。
王师[1]北定中原日，
家祭无忘告乃翁。

【字词注释】

1 王师：天子的军队，这里指南宋朝廷的军队。

【意蕴赏析】

本诗是父亲写给儿子的遗嘱，却不见对任何家庭琐事的提及。首句指出作者生命将尽，"空"表明了作者旷达的人生观，也为下文出现的牵挂做铺垫。有生之年见不到国家统一，心情是非常悲痛的。但作者没有沉溺其中，而是坚信朝廷一定会北伐中原，收复失地。到时，后人们一定要在祭奠时告诉他这个消息，诗人对于国家的牵挂死后都不能消逝，可见爱国之情完全盖过了心中的悲痛、遗恨，是作者激昂人生的再现。

【知识扩展】

中原又称中土、中州、华夏，是指洛阳至开封一带为中心的黄河中下游地区。中原，本义为"天下至中的原野"，是华夏文明和中华文明的发祥地，是华夏民族的摇篮，被视为天下中心。当与外族对应时，中原又泛指中国。

出塞（其一）

〔唐〕王昌龄

秦时明月汉时关，
万里长征人未还。
但使龙城[1]飞将[3]在，
不教胡马度阴山[4]。

【字词注释】

1 但使：只要。
2 龙城：地名，匈奴祭祀天地鬼神的地方。
3 飞将：指的是西汉将军李广，因骁勇善战，被匈奴称为"飞将军"。
4 阴山：山名，位于内蒙古北部。

【意蕴赏析】

诗的首句截取了典型的边塞画面：孤城和明月。它们安静地待在那儿，好像从秦汉以来都没有改变过。虽然景物没变，但征战的人去了一批又一批，根本没有回来。人与物、变与不变之间形成的对比，表现出战争的残酷未改和历史的轮回依旧。但诗人没有沉浸在这种伤感中，而是希望找到像李广那样的良将，稳定边境，让敌人兵马不敢来犯。诗人的情绪从悲伤到慷慨，展现了崇高的爱国热情。雄浑中透露巧思，让这首诗别具一格。

【知识扩展】

李广英勇善战，为汉朝立下赫赫战功，对部下也很爱护。后来，因为在行军过程中迷路，耽误战机而自杀身亡，许多部下及不相识的人都为他痛哭，司马迁称赞他是"桃李不言，下自成蹊（xī）"。意思是桃树和李树虽不会说话，但仍能吸引许多人到树下赏花尝果，以至于树下走出一条小路来。比喻一个人做了好事，不用张扬，人们自然会记住他。

凉州词[1]（其一）

〔唐〕王翰

葡萄美酒夜光杯[2]，
欲饮琵琶[3]马上催。
醉卧沙场君莫笑，
古来征战几人回？

【文人墨客】

王翰（687～726）：字子羽，唐代边塞诗人。

   1 凉州词：唐朝流行的一种曲调名，是凉州歌的唱词。凉州，即现在甘肃省武威市。

   2 夜光杯：用玉制成的酒杯，把美酒倒入杯中，放在月光下，杯中就会闪闪发亮。

   3 琵琶：这里指作战时用来发出指令声音的乐器。

【意蕴赏析】

    本诗描写了边塞战场上士兵们的生活。通常，边塞地区自然条件恶劣，生活单调，士兵们无非就是战时上阵杀敌，平时军事训练。喝酒，既能缓解生活的枯燥，又可冲淡思乡之情。可刚要喝，就传来敌袭警报。接下来的描写由外在场景转为人物表述。士兵说，如果我在战场上醉倒了你不要笑，自古以来上战场的人有几个回来的呢？许多边塞诗都会表达厌战的情绪，而本诗除了指明战场上生死无常的本质外，并未表露过多的悲观，反而透露出一种不怕牺牲的豪迈之情。

【知识扩展】

    葡萄，最初并不生长在中国，而是产于亚洲西部地区。随着时间的推移，葡萄逐渐向东传播，到了历史上的西域，大约为今天的新疆地区。在张骞（qiān）出使西域后，中原地区与西域的联系加强，葡萄也逐渐成为中国人熟悉的水果。

凉州词

〔唐〕王之涣

黄河远上白云间，

一片孤城万仞山。

羌笛何须怨杨柳[1]，

春风不度玉门关[2]。

【文人墨客】

王之涣（688～742）：字季凌，唐代诗人。性格豪放，以写边塞诗著称。

1 杨柳：这里指《折杨柳》的曲子，多表达离别之情。

2 玉门关：地名，在现在甘肃省敦煌市西北，是古代通往西域的要道。

【意蕴赏析】

　　这首诗前两句写景，后两句写人。西北地区地势比较平坦，没有什么植被遮挡，可以看到很远。远处堆着几朵白云，黄河正是从那个方向流来的。近处的城池在高山衬托下显得有点儿孤单。这时，诗人耳边响起了羌笛吹奏的《折杨柳》，曲中的哀怨让人听后不禁感伤。但伤感又有什么用？将士必须坚守边疆，不能想回家就回家。这首诗中有对家人的思念、对国家的忠诚，更多的是因二者不能两全而产生的无奈。小读者们觉得这样的军人叔叔伟大吗？

【知识扩展】

　　柳树，诗歌中的常用意象，除了表示春天和美丽的女子之外，更多时候因为"柳"与"留"同音，以表达离别的意思，或者描绘对家乡的思念和忧愁的情感。

塞下曲

〔唐〕卢纶

月黑雁飞高，
单于[1]夜遁逃。
欲将轻骑逐[2]，
大雪满弓刀。

【文人墨客】

　　卢纶（739～799）：字允言，唐代诗人，"大历十才子"之一。诗人曾经在军队中任职，接触到军旅生活，故风格雄浑的边塞诗成为他的代表作。

1 单（chán）于：匈奴君主的称号，代指犯边敌人的首领。
2 轻骑：装备轻便、行动迅速的骑兵。

【意蕴赏析】

读这首诗，开始就让人感到很紧张和奇怪。没有月亮的晚上，本该休息的大雁却疾速飞上天空。为什么会这样呢？原来是敌人的首领趁着夜色逃跑了，本想隐匿踪迹却惊起了路旁的大雁。我方军队发现异常后，准备派出行动迅速的骑兵追击。这个时候大雪下起来了，但我们的军队仍然不畏风雪，身披盔甲，携弓箭和长刀，准备出发。这首诗虽然没有往下写，但整支军队士气迸发，像大雪般充满了整个天地，相信没有什么事情能难倒他们。

【知识扩展】

匈奴，是古代生活在中国北方的游牧民族，相传为夏王朝灭亡之后的遗民。在秦末汉初强大起来，对汉朝形成巨大的威胁，后来分别在西汉汉武帝、东汉汉和帝时期被逐步击败。

使至塞上

〔唐〕王维

单车欲问边，属国[1]过居延[2]。

征蓬[3]出汉塞，归雁入胡天。

大漠孤烟直，长河[4]落日圆。

萧关[5]逢候骑[6]，都护[7]在燕然。

【字词注释】

1 属国：有不同解释，一种是附属于汉族朝廷的少数民族政权，一种是官名，秦汉曾有典属国一职，负责少数民族事务。

2 居延：地名，汉代称居延泽，唐代称居延海，位于现在内蒙古额济纳旗北部。

3 征蓬：随风飘荡的蓬草，这里指代诗人自己。

4 长河：一说为黄河，一说为石羊河。

5 萧关：古关名，又名陇山关，故址在宁夏固原东南。

6 候骑：负责侦察、通信的骑兵。

7 都护：官名，为唐朝六大都护府的长官。

【意蕴赏析】

本诗写于诗人出使塞外的过程中。首联写诗人出使目的和前往的方向，即慰问西北边关将士。诗人将自己比作蓬草，和北归的大雁一样，被风吹往胡地。诗人有此无奈，是因为这次出使是受人排挤。诗人继续走，来到河边时被眼前壮阔的景象所吸引：沙漠和河流延伸至视野尽头，未被遮挡的落日余晖中，一缕烟静静地直上天空。此时，诗人心中的孤寂在慢慢变淡。在萧关碰见斥候骑兵，得到了将帅前线作战的消息，诗人心情也由此转向振奋。

【知识扩展】

唐朝六大都护府，是唐朝为了有效管理突厥、回纥、靺鞨、铁勒、室韦和契丹等周围少数民族，在当地设置的特别行政机构，分别为安西、安北、安东、安南、单于和北庭六大都护府。都护负责对周边民族进行抚慰、征讨、奖赏和惩罚等事宜。

雁门太守行[1]

〔唐〕李贺

黑云压城城欲摧，甲光向日金鳞开。

角声满天秋色里，塞上燕脂[2]凝夜紫。

半卷红旗临易水[3]，霜重鼓寒声不起。

报君黄金台[4]上意，提携玉龙[5]为君死。

【文人墨客】

李贺（约 791～约 817）：字长吉，家居福昌昌谷（现在河南宜阳西），后世称李昌谷，有"诗鬼"之称。与李白、李商隐称为唐代"三李"。

1 雁门太守行：古乐府曲调名。雁门，郡名，大约位于现在山西省西北部，是唐朝与突厥部族的交界地带。

2 燕脂：即胭脂，这里形容暮色中塞上泥土有如胭脂凝成。

3 易水：河名，源出现在河北省易县，荆轲刺秦时，燕太子丹曾在此为其送行。

4 黄金台：建筑名，具体位置有争议，很可能在河北定兴境内，相传为燕昭王广招贤才所建。

5 玉龙：宝剑，这里指代为剑。

【意蕴赏析】

　　李贺之所以有"诗鬼"之称，是因为其诗歌善用想象，创出了许多绚丽的艺术形象。这些特点，我们在这首诗中可以看出一二。首联中"黑"字既是天气状况，也是对敌人众多的描写。"压"字营造出了紧张气氛。"金"与"黑"的冲突高度概括了战争场面。颔联分别从听觉和视觉来写战争场面的惨烈。颈联中卷起军旗、停止鸣鼓是援军为避免打草惊蛇，秘密行军，显得神秘、肃穆。尾联写战争惨烈但将士们不畏生死，满是一腔报效国家的热忱。

【知识扩展】

　　黄金台是燕昭王采纳郭隗的建议，为招揽人才所建。黄金台建好后，燕昭王尊郭隗为师。许多优秀的人才纷纷来到燕国。此后，燕国从一个被内乱外祸重创的弱国逐渐成为富裕兴旺的强国。

渔家傲[1]·秋思

〔宋〕范仲淹

塞下秋来风景异，
衡阳[2]雁去无留意。
四面边声连角起，
千嶂[3]里，
长烟落日孤城闭。

浊酒一杯家万里，
燕然[4]未勒归无计。
羌管[5]悠悠霜满地，
人不寐，
将军白发征夫泪。

1 渔家傲：词牌名。

2 衡阳：地名，位于湖南。传说秋天北雁南飞，到此处的回雁峰不再继续向南。

3 千嶂（zhàng）：绵延而峻峭的山峰。

4 燕然：山名，即现在蒙古国境内的杭爱山，东汉窦宪率兵追击匈奴，登上此山，刻石勒功而还。

5 羌管：乐器名，即羌笛。

【意蕴赏析】

词的上片写边塞风景。飞往衡阳方向的大雁毫不留恋，表明这里很荒凉。号角、长烟、落日和孤城让画面更加丰富。紧闭的城门暗示了敌人来势汹汹，战况不容乐观。下片写情。战争还没取得胜利，回家更是遥遥无期，将士们心中的无奈和焦虑只能通过喝酒暂时舒缓。本以为醉后就能忘记，但耳边的羌笛声，让人再次清醒过来，躺在床上却睡不着。一想到自己在这里从壮到老，就禁不住流下泪水。整首词风格苍凉悲壮，表现了将士挣扎于回乡与坚守间的复杂心情。

【知识扩展】

范仲淹曾经以龙图阁直学士的身份管理北宋西北边防前线，改革军事制度，调整战略部署，构建了坚固的防御体系，西夏人从此不敢侵犯。羌人称范仲淹为"龙图老子"。西夏人称其为"小范老子"，认为"小范老子胸有十万甲兵"。

酬乐天扬州初逢席上见赠

〔唐〕刘禹锡

巴山楚水凄凉地[1]，二十三年[2]弃置身。

怀旧空吟闻笛赋[3]，到乡翻似烂柯人[4]。

沉舟侧畔千帆过，病树前头万木春。

今日听君歌一曲，暂凭杯酒长精神[5]。

【字词注释】

1 巴山楚水：古时重庆和四川东部属于巴国，湖南北部和湖北等地属于楚国。因诗人曾被贬到这些地方做官，用以指代被贬之地。

2 二十三年：从诗人被贬为连州刺史到写此诗时共二十二个年头，因第二年才能回到京城，所以说二十三年。

3 闻笛赋：指西晋向秀的《思旧赋》。向秀的朋友嵇康、吕安因不满司马氏篡权而被杀害。向秀经过嵇康、吕安的旧居时，听到邻人吹笛，勾起了对故人的怀念，故作此赋。

4 烂柯人：指晋人王质。相传王质上山砍柴，碰到两个童子下棋，就停下观看。等棋局结束，手中的木质斧头把已经朽烂。回到村里，才知道时间已过了一百年，同代人都亡故了。

5 长（zhǎng）精神：振作精神。长，增长，振作。

【意蕴赏析】

本诗为刘禹锡对白居易赠诗的答谢。首联概括了自己的被贬经历，以及自己这些年来闲置在外产生的凄凉心态。颔联借用"闻笛赋"和"烂柯人"两个典故，表达作者对已过世同僚的怀念，对世事变化产生的沧桑感和恍如隔世的心情。不过，诗人并没有一味地沉溺于过去的伤痛中，而是看到了沉舟之旁，千帆竞逐；病树之前，万木争春的美好景象。诗人虽仍难免惆怅，但已走向达观。最后是向朋友表露心迹，自己将会振作，让朋友不必担心。

【知识扩展】

"竹林七贤"指的是生活在魏晋时期的嵇康、阮籍、山涛、向秀、刘伶、王戎及阮咸七人。因他们常在当时的竹林之下喝酒、纵歌，用作品揭露和讽刺司马朝廷的黑暗，世人称之为七贤，后与地名竹林合称。

滁州[1]西涧[2]

〔唐〕韦应物

独怜幽草涧边生，
上有黄鹂深树鸣。
春潮带雨晚来急，
野渡无人舟自横。

【文人墨客】

韦应物（737～792）：唐代诗人，因出任过苏州刺史，世称"韦苏州"。

1 滁州：地名，在现在安徽滁州以西。

2 西涧：地名，在滁州城西，俗称上马河。

【意蕴赏析】

诗人在首句中用唯独喜欢山涧幽深处的青草，表明自己不媚世俗的态度。青草之上的树枝深处有黄鹂在婉转啼叫，进一步表明诗人愉悦的心情，同时衬托出环境的幽深。傍晚时的急雨让河水上涨，停在渡口的船虽没有人驾驶，自己也能动起来。最后一句托物言志，用"自"表明不借助他人之力，仍能找到生活意义的恬淡心境。不过，也有人认为这句表明了诗人不受重用的无奈心情。小读者们，你们是怎么认为的呢？

【知识扩展】

托物言志是古典诗词中常见的一种表现手法，也称寄意于物，是指诗人运用象征、拟人、比喻等手法，通过描摹客观事物某一个方面的特征来表达自己的情感或揭示作品的主旨。

春日

〔宋〕朱熹

胜日[1]寻芳泗水[2]滨，
无边光景一时新。
等闲识得东风面，
万紫千红总是春。

【字词注释】

1 胜日：天气晴朗的日子。
2 泗水：河流名，位于山东省境内。

【意蕴赏析】

从表面看，本诗是关于春天外出寻访美景的诗。首句中点明了外出的时间、地点和目的。第二句虚写春天给人的总体感受，即焕然一新。三、四句将感受具体化，把描写对象落实到春天的花朵上，万紫千红的形象为"新"增加了更深的韵味。而实际上，诗中所提及的泗水地区已经为金人占据，诗人不可能到那里去游览。泗水，为孔子曾经讲学的地方。此处用来表明诗人对圣人之道的向往，希望圣人之道能如同春风一样，赋予社会无限的生机。

【知识扩展】

理学，又名道学，为两宋时期产生的主要哲学流派。理学以儒家学说为中心，兼容佛道两家的哲学思想，论证了封建纲常名教的合理性和永恒性，至南宋末期被采纳为官方哲学。

登鹳雀楼[1]

〔唐〕王之涣

白日依山尽，

黄河入海流。

欲穷[2]千里目，

更上一层楼。

【字词注释】

1 鹳（guàn）雀楼：楼名，位于现在山西省永济市。

2 穷：穷尽，到头。

【意蕴赏析】

前两句运用对仗的手法，写诗人在鹳雀楼上所见到的夕阳和黄河。细细品味，会发现其中带有面对不可挽回景象而产生的忧伤，符合诗人这时辞官在外的心情。不过，诗人没有被忧伤所湮没，而是积极寻找解脱的办法，即想看得更远，看到千里风光，就要站得更高，要登上楼的更高层。住在高楼里的小读者们应该知道，自己在地面看到的景色和在家里看到的是不一样的。"更上一层楼"也成为后人激励自己、祝贺他人努力上进的常用语。

【知识扩展】

对仗和对偶是两种比较相似的修辞手法，但又存在着区别。对偶是指成对使用的两个文句中，字数相等，结构、词性大体相同，意思相关。对仗则在对偶的基础上，要求诗词上下句中同一位置的词语必须"词性一致，平仄相对"。通俗的理解就是，对仗为更严格的对偶。

登幽州台歌[1]

〔唐〕陈子昂

前不见古人[2]，后不见来者[3]。
念天地之悠悠，独怆然而涕下[4]。

【文人墨客】

　　陈子昂（659～700）：字伯玉，唐代诗人。因曾任右拾遗，后世称之"陈拾遗"。"仙宗十友"之一。

1 幽州台：即黄金台，一说在河北定兴，一说在北京大兴。
2 古人：古代那些能够礼贤下士的圣君。
3 来者：后世那些重视人才的贤明君主。
4 怆（chuàng）然：悲伤凄恻的样子。

【意蕴赏析】

　　本诗写于诗人在军中向上司进言不成，反被降职之后。诗人为了排解心中郁闷，决定登高望远。可这个地方却是幽州台，诗人不禁想起燕昭王纳贤的故事，感叹自己没有生活在那个时代，在后世中也没碰见类似的人，真是非常不幸。看着眼前广阔的场景，诗人觉得心中的苦闷没有消除，反而被放大了。天地之间，古往今来，竟然没有一个赏识自己的人。自己大声向天地发问，只得到空荡荡的回响。诗人孤独悲伤的背影，即便远远看去，仍让人黯然神伤。

【知识扩展】

　　千金买骨说的是古代一位侍臣为君王买千里马，却只买了死马的骨头回来，结果惹得君王大怒。侍臣解释说，如果大家看见连千里马的骨头都用重金买回来了，就会认为君王是真正想要高价买千里马，自然会把千里马送上门来。后来果然不到一年就有几匹千里马被呈送上来。现在用来表示十分渴望和重视人才。

观沧海

〔汉〕曹操

东临碣石[1]，以观沧海。

水何澹澹[2]，山岛竦峙[3]。

树木丛生，百草丰茂。

秋风萧瑟[4]，洪波涌起。

日月之行，若出其中；

星汉灿烂，若出其里。

幸甚至哉，歌以咏志。

【文人墨客】

曹操（155～220）：字孟德，一名吉利，小字阿瞒。东汉末年杰出的政治家、军事家、文学家和书法家，三国中曹魏政权的奠基人。

【字词注释】

1 碣（jié）石：山名，一说在现在山东省滨州市，一说在现在河北省秦皇岛市。
2 澹（dàn）澹：水波摇动的样子。
3 竦峙（sǒng zhì）：高高耸立。竦，同"耸"，高。
4 萧瑟（sè）：形容风吹树木的声音。

【意蕴赏析】

这是一首描写登山望海的诗歌。前两行从宏观上突出山的高与海的阔。后面两行则是从更具体的视角出发。山上草木茂盛，海上风吹浪起，前者是静景，后者是动景。详略结合，动静结合，为我们展示了壮阔的景象。"日月"和"星汉"两行则写海上白天和黑夜的景观。在大海的映衬下，太阳、月亮和星星都显得很渺小，像是从海中出来的一样。这种吞吐天地的气势正是诗人心胸的写照。读了这首诗后，小读者们对曹操有没有新的认识呢？

【知识扩展】

有一次，曹操率军经过麦田，下令"军队不得践踏麦子，违者砍头"。众人听后，都下马行走，但这时曹操的马因为受惊跑进了麦地。曹操让执法人员治罪，但手下人没有遵从。曹操就割下了自己的头发，以严明军队纪律。古人讲究身体发肤受之父母不可毁伤，割发是大不孝。这就是割发代首的由来。

过零丁洋[1]

〔宋〕文天祥

辛苦遭逢起一经，干戈寥落四周星[2]。

山河破碎风飘絮，身世浮沉雨打萍。

惶恐滩头说惶恐[3]，零丁洋里叹零丁[4]。

人生自古谁无死，留取丹心照汗青[6]。

【文人墨客】

文天祥（1236～1283）：初名云孙，字宋瑞，一字履善。道号浮休道人、文山。南宋末政治家、文学家、抗元名臣，与陆秀夫、张世杰并称为"宋末三杰"。

【字词注释】

1　零丁洋：地名，即"伶丁洋"，位于现在广东省珠江口外。

2　干戈寥（liáo）落四周星：战争消歇后已经熬过四个年头。干戈，指抗元战争。寥落，荒凉冷落。四周星，四周年。

3　惶恐滩：地名，位于现在江西省万安县。

4　零丁：孤苦无依的样子。

5　丹心：红心，比喻忠心。

6　汗青：史册。

【意蕴赏析】

　　这首诗写于文天祥被捕后。作者回顾自己一生的经历，经科举考试进入仕途，领导抗元战争。接着作者以自然景物作喻，描绘国家处于危亡、自身漂浮不定的状况。后面承接前意，地名和情感重合，构成一种反复回荡的效果，突出自己内心惶恐和孤苦的绵延不绝。最后，笔锋一转，从抒发心情到言明志向，以舍生取义的信念取代愁苦之情，使诗歌的意境从低迷转为高亢，让人在同情诗人经历的同时，更佩服其心胸和气魄。

【知识扩展】

　　唐宋时期，科举门类主要分为两种，一为明经，一为进士。明经主要考帖经和墨义。帖经有点儿像填空题，一般是摘录经书句子并遮去几个字，由考生填充缺失部分；墨义则是一些关于经文疏注的问答。进士主要是要求考生根据特定的题目进行创作。由于创意方面的差距，致使进士的重要性在后来逐渐超越了明经。

江城子[1]·密州[2]出猎

〔宋〕苏轼

老夫聊发少年狂，左牵黄，右擎苍[3]，锦帽貂裘[4]，千骑卷平冈。
为报倾城随太守[5]，亲射虎，看孙郎[6]。

酒酣胸胆尚开张，鬓微霜，又何妨！持节云中，何日遣冯唐？
会挽雕弓如满月，西北望，射天狼[7]。

【字词注释】

1 江城子：词牌名。

2 密州：位于现在山东省诸城市。

3 左牵黄，右擎（qíng）苍：左手牵着黄犬，右臂托着苍鹰，形容追捕猎物的样子。

4 锦帽貂裘（diāo qiú）：意为头戴着华美的帽子，身穿貂鼠皮衣。

5 太守：古代州府的行政长官。

6 孙郎：三国时期吴国的孙权，传说其曾亲自射虎。

7 天狼：星名，古代星象家认为其与侵略有关，这里指侵犯北宋边境的西夏。

【意蕴赏析】

作者本是
文人，打猎对他
来说，完全是一种
狂癫（diān）行为，但
这不是"狂"字的全部内涵。
出城打猎，不仅装备齐全，场面更是盛大，
以历史上很受称赞的孙权自比，可以称得上狂傲。喝醉酒后，兴致更高，不满足打猎这
种小打小闹，而是想上战场杀敌，完全不在意自己的年龄，可以称得上狂放。写这首
词时，作者才四十岁，这个年龄就以"老夫"自称，生了白发，可见他的人生并不顺意，
但正是这种在逆境中不甘沉沦的精神才值得我们钦佩。

【知识扩展】

冯唐易老，用来形容老来难以得志。冯唐为西汉大臣，因为人正直，不徇私情，屡
受排挤，直到年纪很大也未受重用。后被汉文帝派遣持符节前往云中，协助对匈奴的
战事。汉景帝时，冯唐又被罢官。汉武帝即位，冯唐已经九十多岁，虽被人举荐，但年
事已高，再也不能出来任职了。

江雪

〔唐〕柳宗元

千山鸟飞绝，

万径人踪灭。

孤舟蓑笠[1]翁，

独钓寒江雪。

【文人墨客】

柳宗元（773～819）：字子厚，唐代文学家、哲学家和政治家，"唐宋八大家"之一。因为是河东人，所以被称为"河东先生""柳河东"。因做过柳州刺史，又被称为"柳柳州"。柳宗元与韩愈并称为"韩柳"，与刘禹锡并称"刘柳"，与王维、孟浩然、韦应物并称"王孟韦柳"。

【字词注释】

1 蓑笠（suō lì）：用草或麻编织成的斗篷以及帽子，一般被樵夫、渔民用来遮风挡雨。

【意蕴赏析】

雪天，诗人登高望远，发现山中没有小鸟在飞，路上也没有行人的踪迹。"千""万"表明了诗人视野广大。"绝""灭"反映出天气非常寒冷。目光移向近处，发现广阔的江面上有一条小船，船上的老渔翁独自一人在垂钓。老渔翁的身形在这大大的世界中非常渺小，但他不畏严寒的精神比整个世界更显眼。诗人借渔翁抒发自己面对外部伤害毫不妥协的孤傲之情。这有点儿像小读者们不愿意和某个人玩，只想自己看动画片的那种自在，但却更加勇敢。

【知识扩展】

"唐宋八大家"包括唐代韩愈、柳宗元和宋代苏轼、苏洵、苏辙、王安石、曾巩、欧阳修八位散文家。其中韩愈、柳宗元是唐代古文运动的领袖。这八位作家先后掀起的古文革新浪潮，使诗文发展的面貌焕然一新。

213

浪淘沙[1]（其一）

〔唐〕刘禹锡

九曲[2]黄河万里沙，
浪淘风簸[3]自天涯。
如今直上银河去，
同到牵牛织女家。

1 浪淘沙：唐教坊曲名。创自刘禹锡、白居易，其形式为七言绝句。后又用为词牌名。

2 九曲：相传黄河有九道弯。这里形容黄河弯曲的地方很多。

3 浪淘风簸（bǒ）：波浪淘洗，风中颠簸。

【意蕴赏析】

　　本诗写于诗人因触怒朝廷权贵被贬出京之后。前两句写黄河中沙砾的处境不容易，行程万里，一路受尽风浪。这也是诗人坎坷人生经历的象征，可以说黄河中的沙砾就是身不由己的自己。诗人想要摆脱现实的不如意，想到的方法就是像受汉武帝派遣的张骞一样，溯流而上，借着传说中黄河与银河的相连处，脱离尘世，飞上天空，到牛郎和织女的家里去。诗人借用典故，将雄浑的气势和瑰丽的想象融为一体，呈现出震撼人心的壮美。

【知识扩展】

　　牛郎织女是中国民间传说故事。穷人家孩子牛郎在自己养的老黄牛的指引下结识了从天上下凡的织女，两个人相爱结婚生子。但织女因下凡违反天规，被王母娘娘抓了回去。就在牛郎快要赶上的时候，王母娘娘用金钗划出一道天河将俩人隔开。他们的爱情感动了喜鹊，喜鹊用身体搭桥让两个人相见。而他们相见的日子每年七月初七，便成为七夕节，又称乞巧节。

满江红[1]·小住京华

〔清〕秋瑾

小住京华，早又是，中秋佳节。为篱下，黄花开遍[2]，秋容如拭。
四面歌残终破楚[3]，八年风味徒思浙。
苦将侬[4]，强派作蛾眉[5]，殊未屑！

身不得，男儿列。心却比，男儿烈！
算平生肝胆，因人常热[6]。俗子胸襟谁识我？英雄末路当磨折。
莽[7]红尘，何处觅知音？青衫湿[8]！

【文人墨客】

秋瑾（1875～1907）：初名闺瑾，字璇卿，号旦吾，后改名为瑾，字竞雄，自称"鉴湖女侠"。中国女权和女学思想的倡导者、近代民主革命志士。

【字词注释】

1 满江红：词牌名。

2 为篱下，黄花开遍：化用陶渊明"采菊东篱下"和李清照"人比黄花瘦"的诗句，形容怡然又愁苦的心情。

3 四面歌残终破楚：指四面楚歌的故事，形容遭受环境压迫，孤立无援。

4 苦将侬（nóng）：苦苦地让我。

5 蛾眉：美女的代称，这里指女子。

6 因人常热：为别人而屡屡激动。热，激动。

7 莽（mǎng）：广大。

8 青衫湿：引自白居易诗歌《琵琶行》"座中泣下谁最多？江州司马青衫湿"一句，表示失意伤心。

【意蕴赏析】

这首词写于作者冲破家庭束缚，在旅店暂住之时。秋瑾重视男女平等，这与传统社会对女性的要求是相冲突的，所以结婚后过得很痛苦。现在脱离家庭，告别愁苦，心情轻松，对过去的生活更是不屑一顾。虽是女子身，心却比男子更不易屈服。常常因为国家变故心情激动，但周围人并不理解。去哪里寻找懂得自己的人呢？自己在将来又会遭受什么样的磨难呢？这种担心与忧虑正是作者从一种生活转入另一种生活的真实反映。

【知识扩展】

　　三从四德，是中国古代对妇女道德、行为的要求，为"三从"与"四德"的合称。"三从"指妇女未嫁从父、出嫁从夫、夫死从子，从在这里是依靠的意思。"四德"指妇德、妇言、妇容和妇功，分别是对女性在品格、言辞、容貌和劳动等方面的要求。三从四德是封建社会为维持家庭稳定，由男性制定的规则标准。实施中往往只针对女性，回避男性的问题，成了一种性别歧视。

墨梅

〔元〕王冕

我家洗砚[1]池头树，
朵朵花开淡墨痕。
不要人夸好颜色，
只留清气满乾坤[2]。

王冕（1287～1359）：字元章，号煮石山农，亦号食中翁、梅花屋主等，元朝著名画家、诗人和篆刻家。

【字词注释】

1 砚（yàn）：砚台，磨墨的工具。
2 乾坤（qián kūn）：天地。

【意蕴赏析】

这是一首题在一幅梅花画作上的诗。画中的这棵梅花树旁边的池水经常用来洗砚台，使池水变成了黑色，连带梅花花朵也带了墨的痕迹。虽然画中梅花没有鲜艳的色彩，不是很好看，但丝毫不妨碍它的香气充盈在整个天地之间。诗人以墨梅自喻，表明自身虽然没有很高的社会地位，但个人的品格是天地都可以见证的。诗中"淡"和"满"字形成对比，强化了画作呈现的逼真艺术效果和自己不向世俗妥协的高洁傲岸形象。

【知识扩展】

洗砚池，也称为墨池，相传著名书法家王羲之常在池边练习书法，并用池水冲洗砚台，久而久之，池水因为墨水也改变了颜色。墨池也成为王羲之努力刻苦的象征。

石灰吟¹

〔明〕于谦

千锤万凿出深山，
烈火焚烧若等闲²。
粉身碎骨浑³不怕，
要留清白在人间。

【文人墨客】

于谦（1398～1457）：字廷益，号节庵，明朝名臣。

1 吟：吟颂，古代诗歌体裁中的一种。
2 若等闲：好像很平常的事情。
3 浑：全。

【意蕴赏析】

本诗采用托物言志的手法，以石灰来自喻。前两句中"千锤万凿""烈火焚烧"既是石灰生产的必要步骤，也是人所面临的严酷环境。"若等闲"让前面一切显得无足轻重，好像不值得在意一样，从而表明作者不畏艰险、淡然处之的人生态度。第三句既是石灰生产的拟人化处理，更是作者自己人生观的直接表露。诗人之所以如此不怕牺牲，并不是为了荣华富贵，而是为了自身清白，与"粉身碎骨"的代价对比，更显清白的可贵与诗人的不凡。

【知识扩展】

"土木之变"也称"土木堡之变""土木之祸"，指发生于 1449 年明英宗朱祁镇北征瓦剌（lá），兵败被俘的事件。事件发生后，于谦积极调集兵力，拥立郕（chéng）王朱祁钰为帝，稳定了国家政局。

水调歌头·明月几时有[1]

〔宋〕苏轼

丙辰[2]中秋，欢饮达旦，大醉，作此篇，兼怀子由[3]。

明月几时有？把酒问青天。
不知天上宫阙，今夕是何年。
我欲乘风归去，又恐琼楼玉宇[4]，高处不胜寒。
起舞弄清影，何似在人间？

转朱阁，低绮户[5]，照无眠。
不应有恨，何事长向别时圆？
人有悲欢离合，月有阴晴圆缺，此事古难全。
但愿人长久，千里共婵娟[6]。

【字词注释】

1 水调歌头：词牌名。

2 丙辰：指公元 1076 年（宋神宗熙宁九年）。

3 子由：苏轼的弟弟苏辙的字。

4 琼（qióng）楼玉宇：美玉砌成的楼宇，指想象中的仙宫。

5 绮（qǐ）户：雕饰华丽的门窗。

6 婵娟（chán juān）：原指美好的事物。这里指月亮。

【意蕴赏析】

这是一首以月亮为描绘对象、借用想象力展示自己人生理念的佳作。上片中由月亮想到神话传说中的天宫，以在人世和天宫间的去留不定，暗示自己在仕途与归隐之间的选择矛盾。下片中，以月亮的阴晴圆缺象征人生变化无常这一定理，词人先前的矛盾心情转化为此处的旷达，进而想到应该珍惜家人朋友。全词由人世转入天上，再转入人情，在虚实之间起落变化，为我们展示了一个虽受困扰但不失乐观，豪放中又有细腻情感的人物形象。

【知识扩展】

"一门父子三词客"指的是苏洵和苏轼、苏辙父子三人。父亲苏洵号老泉，字明允，被称为"老苏"；哥哥苏轼被称为"大苏"；弟弟苏辙，自号颍滨遗老，即为"小苏"。三人合称为"三苏"，同列"唐宋八大家"。苏洵和苏辙主要以散文著称，苏轼则不但在散文创作上成果甚丰，而且在诗、词、书、画等各个领域中都有重要地位。

望岳

〔唐〕杜甫

岱宗[1]夫[2]如何？齐鲁[3]青未了。

造化钟神秀，阴阳[4]割昏晓。

荡胸生曾[5]云，决眦[6]入归鸟。

会当凌绝顶，一览众山小。

【字词注释】

1 岱宗：山名，即泰山，位于现在山东省泰安市城北。

2 夫（fú）：强调疑问语气，无实在意义。

3 齐鲁：春秋时期齐国和鲁国，因为两个国家的地域与山东省的范围大体相当，后世用来作山东的代称。

4 阴阳：古代称山南水北为阳，山北水南为阴。

5 曾：同"层"。

6 决眦（zì）：眼角（几乎）要裂开。眦，眼角。

【意蕴赏析】

本诗写于诗人意气风发的年轻时期。首联从远处写泰山高大连绵，超出了齐鲁两个国家的范围。大自然的钟爱让泰山高得遮天蔽日，将同一片天空几乎割裂成清晨和黄昏两个世界。山高才能生出层层白云，让人看着心神激荡。诗人将眼尽力睁大，欣赏眼前美景，一直到了飞鸟归林的傍晚时分。尾联是因登泰山产生的想法：要登上最高峰，将渺小的众山尽收眼底。诗人不畏困难、俯瞰一切的雄心和气魄也是小读者们应该学习的。

【知识扩展】

封禅（fēng shàn），封为"祭天"，禅为"祭地"，是指中国古代帝王在太平盛世或天降祥瑞之时祭祀天地的大型典礼。早在夏商周三代就已经举行过封禅仪式。泰山因为被古人认为是群山中最高者，故而成为封禅的举行地。帝王举行封禅是为了向天地报告自己的伟业，同时表示被天地赋予治理人世的权力。

行路难[1]（其一）

〔唐〕李白

金樽[2]清酒斗十千[3]，玉盘珍羞[4]直[5]万钱。

停杯投箸[6]不能食，拔剑四顾心茫然。

欲渡黄河冰塞川，将登太行雪满山。

闲来垂钓碧溪上，忽复乘舟梦日边[7]。

行路难！行路难！多歧路，今安在？

长风破浪会有时，直挂云帆济沧海。

【字词注释】

1 行路难：乐府诗标题。

2 樽（zūn）：古代盛酒的器具。

3 斗十千：一斗值十千钱（即万钱），形容酒美价高。

4 珍羞：珍贵的菜肴。羞，同"馐"，美味的食物。

5 直：同"值"，价值。

6 箸（zhù）：筷子。

7 闲来垂钓碧溪上，忽复乘舟梦日边：指的是姜太公被周文王、伊尹被商汤重用，得以施展人生抱负的典故。

【意蕴赏析】

前两句营造了美妙的宴会场面，可诗人面对价值不菲的食物却没有胃口，放下了筷子。原来是感伤自己人生不顺，就好像不管是上山还是渡河，几乎走的每条路都碰到了冰雪的阻隔。诗人多么希望能够像姜太公和伊尹一样受到重用，但一切又是那么难。眼前的岔路纷繁，不知道走哪条好了。可是李白毕竟与众不同，在经历内心的彷徨之后，对未来仍充满希望，相信自己能突破眼前困境，实现自己的人生理想，到那时自己面对的一定是更广阔的天地。

【知识扩展】

伊尹在被商汤重用之前，曾是莘（shēn）国国君的御厨，但他贤良的名声已经传播到了国外。商汤听说后，就想让伊尹为自己服务，但又怕莘国国君不放行，所以便提出迎娶莘国国君女儿，让伊尹作为陪嫁御厨的身份来到商国。最后，商汤在伊尹的辅佐下，灭掉了夏朝，建立商朝。

饮酒（其五）

〔晋〕陶渊明

结庐¹在人境，而无车马喧。

问君²何能尔？心远地自偏。

采菊东篱下，悠然见南山。

山气³日夕佳，飞鸟相与还。

此中有真意⁴，欲辨已忘言。

【文人墨客】

陶渊明（352或365～427）：字元亮，又名潜，私谥"靖节"，世称靖节先生，东晋末至南朝宋初期伟大的诗人、辞赋家，中国第一位田园诗人。

【字词注释】

1 结庐：建造住宅，这里指居住的意思。

2 君：指陶渊明自己。

3 山气：山中风景。

4 真意：人生真正的意义。

【意蕴赏析】

诗人是一位厌倦官场生活的人，所以开头四句点明了自己不恋权位名利，脱离俗世的态度。诗人并不是单纯地否定，他还建立了自己的生活方式，就是回归自然。接下来的四句就是诗人在享受田园生活时的行为见闻。养养花，看看山，欣赏落日余晖，感受时令变化。画面中的宁静就是诗人的心境，就是自得其乐，一切如常，没有慌乱。最后，诗人告诉我们生命的真谛就在这里面，每个人需要细细体味才能感受到，而语言是没办法表达出来的。

【知识扩展】

田园诗派是中国古代诗歌的一个流派，最重要的代表人物为东晋诗人陶渊明。这些诗来源于陶渊明对田园生活的深切感受，表明了作者热爱自然、回归自然的志向。诗中语言平淡而自然，朴实又不乏色彩，描绘了充满诗情画意的场景，给人以清新、淳美的感受。

渔歌子[1]

〔唐〕张志和

西塞山[2]前白鹭飞，
桃花流水鳜鱼[3]肥。
青箬笠[4]，绿蓑衣[5]，
斜风细雨不须归。

【文人墨客】

张志和（732～774）：字子同，初名龟龄，号玄真子。唐代诗人。

1　渔歌子：原是曲调名，后来人们根据它填词，成为词牌名。

2　西塞山：山名，位于现在浙江省湖州市西。

3　鳜（guì）鱼：俗称"桂鱼"，味道鲜美。

4　箬（ruò）笠：用箬竹篾、箬竹叶编的宽边帽子，可以用来挡雨。

5　蓑衣：用蓑草和棕片编制而成的雨衣。

【意蕴赏析】

　　这是一首描写山水自然风光和渔人生活，以寄托自己志向的词。词的前两句主要写的是渔夫打鱼的场所。在这个有着红桃和绿水的地方，白鹭在天空中飞过，美丽中带有一份闲适。后两句则写渔人的装扮和在风雨中坦然自若的行为，表明渔人不在意外界变化，专注自我的淡泊心境，而这也是词人自己的生活追求。

【知识扩展】

　　《渔歌唱晚》是一首颇具古典风格的古筝曲目。名字取自王勃《滕王阁序》中"渔舟唱晚，响穷彭蠡（lí）之滨"一句。乐曲描绘了夕阳映照万顷碧波，渔民悠然自得，渔船满载而归的优美景象。

渔家傲

〔宋〕李清照

天接云涛连晓雾，星河欲转千帆舞。

仿佛梦魂归帝所。

闻天语，殷勤问我归何处。

我报路长嗟日暮[1]，学诗谩有惊人句[2]。

九万里风鹏正举[3]。

风休住，蓬舟吹取三山去[4]！

1 我报路长嗟（jiē）日暮：感叹道路很长，而时日不多。嗟，慨叹。

2 学诗谩（màn）有惊人句：指作者在诗词上的努力。谩有，空有。

3 九万里：《庄子·逍遥游》中说大鹏乘风可以飞上九万里高空。

4 三山：传说中蓬莱、方丈、瀛（yíng）洲三座海上仙山。

【意蕴赏析】

这首词写于作者追随宋皇室南渡之后。前两句点明自己经海路到南方，天空、云涛、晓雾、星河和千帆都是海上所见。"转""舞"既是海上乘船产生的颠簸感，也营造了一种迷幻的氛围，为后文展开做铺垫。作者梦见自己到了天帝的居所，听到天帝的殷切关怀。面对天帝对自己去哪里的提问，作者没有直接回答，而是叙述自己不幸的人生经历，隐含了自己对理想的坚持。最后将常人不能到达海中三山作为自己的归宿，表示对天帝的回答，借助九天高风之力也展示出自己的豪气。

【知识扩展】

传说在渤海之东，有五座神仙居住的山峰，分别是：岱屿、员峤、方壶（也称方丈）、瀛洲和蓬莱。这五座仙山底部并不与海底相连，而是随海浪漂动。最后岱屿、员峤二山不知所终，只剩下方壶、瀛洲、蓬莱三山了。东海仙山与西方昆仑成为我国神话的两大源头。秦始皇和汉武帝都曾派人寻找东海三山，祈求长生不老之药。

元日[1]

〔宋〕王安石

爆竹声中一岁除，
春风送暖入屠苏[2]。
千门万户曈曈[3]日，
总把新桃换旧符[4]。

【意蕴赏析】

本诗写于诗人第一次拜相、推行新政之初。前两句诗人展示了民间过春节的情形，有燃放爆竹，喝屠苏酒等，满是一片繁忙欢乐的景象。后面写第二天早上时，千家万户沐浴在晨光之中，门前去年的旧桃符已经被换成新的。此处的静景与前面动景形成对比，呈现出一派洋溢着迎接新年的喜气与生机。这景象也是诗人对即将开展的改革充满信心的精神象征，是一种新生事物必将取代旧事物的形象寓意。

【知识扩展】

中国民间传说，在远古时候，神荼（tú）与郁垒（lěi）为一对兄弟，兄弟俩都擅长捉鬼。后来人们为了驱鬼避邪，祈求家宅平安，就在门上画神荼、郁垒的像，两者因此也成为最早的门神。后来随着时间的变化，出现了其他门神，其中流传最广的就是秦琼与尉迟恭。

竹石

〔清〕郑燮

咬定青山不放松，
立根原在破岩中[1]。
千磨万击还坚劲[2]，
任尔东西南北风。

郑燮（xiè）（1693～1765）：字克柔，号理庵，又号板桥，人称板桥先生。曾做过县令，后客居扬州，以卖画为生，是"扬州八怪"的重要代表人物。

【字词注释】

1 破岩：岩石的缝隙。
2 坚劲（jìng）：坚强有力。

【意蕴赏析】

本诗运用托物言志的手法，通过赞美竹子顽强的生命力，来表明自身不畏艰险、坚强不屈的品格和志向。前两句写竹子生长在青山的岩石缝隙之中，而不是喧闹的城市，以此表明竹子具有高洁不俗的气质，同时用拟人化的"咬"让人切实感受到了竹子的意志力。竹子在山上可能被动物踩踏，被狂风吹倒，但都没有改变它坚韧的品格。一个人的眼中所见反映了他的内心世界，诗人这样看待竹子，表明自身也具有类似的气质。

【知识扩展】

梅花、兰花、翠竹和菊花，被称为"四君子"。因为这四种植物都没有媚世之态，遗世而独立，所以成为中国人表明自身品格志向的象征，也是咏物诗文和艺人字画中常见的题材。

在喧嚣的世界里，坚持以匠人心态认认真真打磨每一本书，坚持为读者提供有用、有趣、有品位、有价值的阅读。

愿我们在阅读中相知相遇，在阅读中成长蜕变！

好读，只为优质阅读。

给孩子最美古诗词

策划出品：好读文化　　　　内文插画：胡　言　石家小鬼
监　　制：姚常伟　　　　　　　　　　　无　轩　秋林夕
产品经理：刘　雷　　　　　　　　　　　肖　空　东凰栖
责任编辑：周亚灵　　　　封面插画：厚　闲
助理编辑：高　榕　　　　版式设计：一鸣文化